VOYAGE EN ITALIE.

VOYAGE
EN ITALIE,
OU
CONSIDÉRATIONS
SUR L'ITALIE

Par feu M. Duclos, Historiographe de France, Secrétaire perpétuel de l'Académie Françoise, &c.

A MAESTRICHT,

Chez J. P. Roux & Compagnie,
Imprimeurs-Libraires, associés.

1793.

AVIS

DES ÉDITEURS.

C'EST en 1767, que feu M. Duclos a fait un voyage en Italie. Les changemens survenus depuis dans cette partie de l'Europe, loin de diminuer l'intérêt que font naître les Ouvrages de cette espece, quand ils viennent de bonne main, ne peuvent que l'augmenter aujourd'hui; & c'est ce qui nous porte à publier celui-ci, persuadés de l'accueil favorable, qu'il recevra du Public.

Nous ne manquons pas de descriptions de l'Italie. Ses édifices anciens & modernes, ses statues, ses tableaux, ses richesses littéraires, tout a été observé & décrit ou par des savans ou par des amateurs éclairés. Il nous manquoit cependant un ouvrage propre à nous faire connoître l'influence du climat, des principes ou des préjugés sur les mœurs des habitans de toutes les classes, & sur l'influence, pour le moins aussi active, des intérêts locaux, des chefs, & sur-tout des guides de ces habitans.

Duclos, par caractere, par goût, par habitude, étoit l'homme le plus capable d'envisager & de faire connoître l'Italie sous ce point de vue, & ce point de vue est un foyer de lumiere qui répandra sur les écrits de beaucoup de voyageurs qui l'ont dévancé une espece de jour qui leur manque. Les *Considérations sur l'Italie* (car le titre que l'auteur a donné à cet écrit) sont une clef commune qui ouvre l'entrée & les issues d'une multitude de défilés obscurs dans lesquels il n'est que trop aisé de s'égarer. » Relativement à une nation,
» comme il l'a dit ailleurs lui-même,
» on entend par les *mœurs*, ses coutu-
» mes, ses usages, non pas ceux qui,
» indifférens en eux-mêmes, sont du
» ressort d'une mode arbitraire; mais
» ceux qui influent sur la maniere de
» penser, de sentir & d'agir, ou qui en
» dépendent.... Les peuples ont, com-
» me des particuliers, leurs caracteres
» distinctifs, avec cette différence, que
» les mœurs particulieres d'un homme
» peuvent être une suite de son carac-

» tere, mais elles ne les conſtituent pas
» néceſſairement ; au-lieu que les mœurs
» d'une nation forment préciſément le
» caractere national ".

Cet eſprit philoſophique le ſuivoit par-tout. Il eſt frappant, non-ſeulement dans ſon Hiſtoire de Louis XI, dans ſes Mémoires pour l'hiſtoire du dernier régne ; mais dans les romans mêmes qu'il a publiés dans ſa jeuneſſe. On retrouve, dans tout ce qu'il a écrit, ce caractere obſervateur qui le ramenoit par des faits à ſa maxime : » Que les princi-
» pes puiſés dans la nature ſont tou-
» jours ſubſiſtans ; mais que pour s'aſ-
» ſurer de la vérité, il faut ſur-tout
» obſerver les différentes formes qui les
» déguiſent ſans les altérer, & qui,
» par leur liaiſon avec les principes,
» tendent de plus en plus à les confir-
» mer ".

Il a conſervé, en écrivant ſes Conſidérations ſur l'Italie, cette gaieté franche qui rendoit ſa ſociété ſi agréable, ſans nuire à cette droiture inaltérable qui le portoit à reſpecter & à louer toujours la vertu, à démaſquer & à décrier perſévéramment les vices, & ſur-tout l'hypocrisie. Il n'employoit l'arme du ridicule que contre les sots à prétentions; il traitoit sérieusement & plus amérement les mauvais citoyens; & il savoit les démêler, dans quelque classe de la société qu'ils fussent placés.

On en trouvera mille preuves dans cet Ouvrage. Son caractere libre, son esprit pénétrant y ont semé des anecdotes, des épigrammes, des développemens très-intéressans, soit sur l'esprit ecclésiastique, soit sur cet esprit monacal, qui s'exercent avec plus de subtilité & d'adresse en Italie que par-tout ailleurs, mais que de bons yeux ne confondent nulle part. Nous ne doutons point, par exemple, qu'on ne lise avec intérêt & avec fruit ce qu'il dévoile sur les intrigues de fanatiques de toute espece, tels que l'apologiste de la Saint-Barthelemy (l'abbé de Caveirac) & l'abbé du Four. Ils furent envoyés l'un & l'autre de France à Rome par deux partis qui en apparence n'existent plus, mais dont la conduite peut servir d'exemple & d'avertissement pour tous les temps & pour tous les lieux. En un mot, Duclos a écrit, en 1767, quantité de vérités & de réflexions, qu'alors tout le monde eût regardées comme hardies, mais trop fenfées & trop importantes pour n'être pas toujours utiles.

Après la mort de Duclos, le manufcrit original fut importé en Bretagne par fon légataire univerfel, M. de Noual. C'étoit un citoyen honnête, mais qui n'ayant jamais cultivé les lettres, n'étoit pas à portée d'en connoître le prix. Il en exifte une copie relue avec foin par Duclos, & corrigée en quelques endroits de fa main. Nous fommes parfaitement fûrs que notre manufcrit eft abfolument conforme à l'original. Il ne doit donc pas être confondu avec ces copies furtives, informes, incompletes, que défigurent de plus en plus des additions, des interpolations, des notes de la part d'éditeurs qui n'envifagent que leur utilité pécuniaire dans les ouvrages qu'ils publient.

Des gens de lettres étroitement liés avec Duclos exiftent encore en affez grand nombre à Paris; tous connoiffent fon ftyle, fa maniere de voir & de juger, & plufieurs lui ont entendu lire de longs morceaux des *Confidérations sur l'Italie.* Nous invoquons leur témoignage avec la plus grande confiance. Ils ne confondront pas des Editeurs qui respectent le Public avec des prétendus Editeurs qu'on devroit plutôt nommer les détracteurs de Duclos, & qui, par le mélange de leur style avec le sien, & encore plus de leurs idées avec les siennes, ne pourroient qu'affoiblir la juste réputation de ce courageux ami des Hommes, des Lettres & de la Liberté.

VOYAGE EN ITALIE,
OU
CONSIDÉRATIONS
SUR L'ITALIE.

Un defir affez général eft celui de voir l'Italie, & fur-tout cette Rome, jadis capitale de l'univers, qui, dans un autre genre, l'eft encore d'une grande partie de l'Europe, & peut continuer de l'être, au moins pour quelque temps, fi fon gouvernement fe réforme.

Pour peu qu'on ait eu d'éducation, on n'a, dans la jeuneffe, entendu parler que des Grecs & des Romains; & nous continuons d'être encore plus familiarifés avec ceux-ci qu'avec les autres, par les relations politiques & journalieres avec la cour de Rome : au-lieu que la Grece moderne eft actuellement enfevelie dans la barbarie, & nous eft abfolument étrangere.

La plupart des jeunes gens connoissent plus les noms d'Alexandre, de César, de Scipion, d'Annibal, &c. que ceux des rois ou des grands hommes de leur patrie; & le peuple sait mieux les noms des ministres subsistans, ou de leurs commis, que ceux des héros de l'antiquité. Il n'en est pas ainsi de Rome. Le plus bas peuple de la catholicité entend parler de Rome aussi souvent que les gens instruits. Rome & le St. Pere occupent une place considérable dans son imagination. Cette dévotion, qui s'allie si communément à la superstition, au libertinage & aux mœurs basses & crapuleuse, produit la foule de pélerins, de gueux & de coquins dont l'Italie est inondée, & dont la capitale est toujours le centre de réunion. D'un autre côté, l'amour de l'antiquité & des arts, le désir de voir les lieux qu'ont habité les maîtres de l'univers, dont tout rappelle le souvenir dans Rome, y attire une quantité de savans de toutes nations, d'artistes & de curieux opulens, très-utiles au pays par l'argent qu'ils y laissent. On y voit donc à la fois un concours perpétuel d'hommes de mérite, & de la plus vile canaille.

J'avois toujours eu le désir, commun aux gens de lettres, de faire ce voyage, & je m'étois souvent trouvé dans les circonstances les plus favorables à mon deſſein, ſur-tout pendant l'ambaſſade du duc de Nivernois à Rome, & celle de l'abbé, depuis cardinal de Bernis, à Veniſe. J'étois particuliérement lié avec l'un & l'autre, mes confreres à l'académie, & je connoiſſois tous les autres miniſtres de France en Italie. Des contrariétés d'affaires m'avoient toujours empêché d'effectuer mon projet. J'étois convenu depuis avec le cardinal de Bernis de l'accompagner au premier conclave; mais Clément XIII, vivant plus que nous ne l'avions cru, & moi avançant en âge ſans être guéri de ma curioſité, je pris bruſquement mon parti. A ſoixante ans paſſés, mais avec une ſanté d'Athlete, que j'ai miſe, dans mon voyage, à toute ſortes d'épreuves, je réſolus de voir cette Italie, ſi vantée par les voyageurs. J'ai ſu par moi-même, ce qu'il y avoit à rabattre des relations faites par des gens déterminés à l'admiration avant que d'avoir vu, & qui ne veulent ſur rien avoir perdu les frais de leur voyage. Il y a tant de livres ſur les monumens & le matériel de Rome & de l'Italie qu'on peut conſulter, & auxquels je recourrai moi-même, quand je voudrai me rappeller ce que j'ai vu, que je me bornerai à quelques réflexions que je ne trouverois pas ailleurs. Je les ferai suivant les objets qui me les fourniront; je ne les écris que pour moi & mes amis; peut-être ajouterai-je à mes notes mon jugement sur les différens voyage qui ont paru, & sur l'usage qu'on en peut faire.

Je partis donc de Paris, le 16 novembre 1766, & pris la route de Lyon, n'ayant avec moi qu'un domestique fidele, jeune & vigoureux qui m'est attaché dès son enfance, & m'avoit déja suivis dans plusieurs voyages. La saison pour celui-ci étoit assez mal choisie, mais j'avois tant ouï parler de la douceur du climat d'Italie, que je croyois aller au-devant du printemps. Premiere erreur. Ce n'est pas absolument sur les degrés de la latitude qu'on doit juger ceux de froid & de chaud d'un pays. La nature du sol, la position des montagnes, & plusieurs causes externes influent tellement sur la température, que le froid est souvent plus vif & plus long en Piémont, dans le Milanais & dans la partie septentrionale de l'Italie, qu'en France. Les Alpes, si long temps couvertes de neiges, & dont le sommet en conserve toujours, anticipent l'hyver & retardent le printemps. Il est vrai qu'après la fonte des neiges, les rayons du soleil, concentrés & réfléchis par les montagnes, produisent une chaleur excessive, ce qui, loin d'être un dédommagement, est encore un désavantage du pays.

Je trouvai, en arrivant à Châlons, le comte de Rochefort-Dailli, lieutenant des gardes-du-corps & cousin de l'évêque, avec qui il comptoit passer quelques jours, & venir ensuite me rejoindre à Lyon ou à Marseille.

Je fis à Châlons une rencontre qui me fut très-agréable, celle du chevalier de Beauvau & de la marquise de Boufflers sa sœur, qui alloient joindre en Languedoc le prince de Beauvau, leur frere, nommé pour tenir les états de cette province. Au-lieu de continuer la route en différentes voitures, & pour être plus long-temps ensemble, nous nous embarquâmes sur la Saone dans la diligence. A mon départ de Châlons, le comte de Rochefort m'envoya un panier de bouteilles du plus excellent vin de l'évêque, à qui nous donnâmes, le chevalier de Beauvau & moi, notre bénédiction.

Comme j'avois fait part au chevalier & à madame de Boufflers de mon voyage en Italie, ils voulurent m'engager à le remettre au printemps de l'année suivante, & à les accompagner aux états de Languedoc, m'offrant de me mener ensuite en Italie, où ils se proposoient d'aller voir la princesse de Craon, leur mere, qui vouloit se retirer à Florence, où on lui avoit déja préparé un palais. La proposition étoit séduisante; mais entre la tenue des états & le voyage d'Italie, il auroit fallu retourner à Paris, & j'avois, indépendamment du desir de voyager, des raisons de m'éloigner. L'affaire contre M. de la Chalotais, aussi odieuse & aussi absurde que celle d'Urbain Grandier, étoit dans toute sa force. Je m'étois expliqué si souvent & si publiquement sur le brigandage des auteurs & des instrumens de cette persécution, que j'avois fort déplu à quelques ministres, & sur-tout à un certain intrus dans l'administration, où il n'a porté que des talens de procureur, & un orgueil stupide, ne pouvant atteindre à la fierté. Sa sensibilité bourgeoise s'étoit trouvée blessée de quelques plaisanteries qu'il m'attribuoit, & dont il vouloit faire des crimes d'état. J'en eus des avis très-sûrs. Sachant ce qu'un tel ouvrier savoit faire, & qu'il n'étoit permis de parler ni de penser honnêtement, je suivis le conseil de m'absenter. Ce n'est pas ici le lieu de m'étendre sur ce mystere d'iniquité, qui exige un ouvrage exprès.

Madame de Boufflers & son frere instruits de mes raisons, ne me pressèrent plus de changer de projet. Je leur proposai à mon tour de venir voir Marseille & Toulon, & ils y consentirent. Mais en arrivant à Lyon, nous trouvâmes le prince de Beauvau qui, craignant que le voyage de Toulon n'arrêtât trop long-temps son frere & sa sœur qui devoient faire les honneurs de sa maison à Montpellier, rompit notre partie. Le lendemain il me mena dîner chez M. de la Verpiliere, prévôt des marchands, & de-là à la comédie, où nous avions demandé la partie de chasse de Henri IV, que je desirois d'autant plus de voir représenter, que j'en aime le sujet & l'auteur, & que la représentation ne s'en fait point à Paris, sans doute par de bonnes raisons, car on n'ose les dire. Je passai deux jours avec la sœur, les deux freres & quelques évêques de Languedoc qui alloient aux états. Quand je vis que tous en prenoient la route, je pris celle d'Avignon par la diligence du Rhône. Arrivé le jeudi 27, dès neuf heures du matin, par un beau temps, quoique froid, je passai la journée à parcourir la ville & les dehors. Le jour suivant je pris une voiture bien fermée pour me rendre à Marseille, où j'arrivai le 30 au matin. Le comte de Rochefort m'y joignit le jour même. Nous jouissions en décembre de ce beau soleil de Provence

& de la température la plus douce; mais le fol de cette province n'eſt, preſque par-tout, qu'un fonds pierreux ou de craie, & les triſtes oliviers d'un verd noir, dont la campagne eſt couverte, n'offrent pas un payſage agréable. Nous nous promenions beaucoup, mon camarade de voyage & moi; le ſoir nous allions à la comédie, & revenions ſouper à notre auberge, en très-nombreuſe compagnie, comme nous y avions dîné au milieu de gens dont nous ne connoiſſions aucun, ce qui nous amuſoit aſſez. Nous fûmes bientôt connus, & nous l'étions trop du duc de Villars, gouverneur de Provence & alors à Marſeille, pour pouvoir nous diſpenſer de le voir. Nous y allâmes donc & en fûmes reçus très-poliment. Dès qu'il nous apperçut, il ſortit du cercle des officiers & des notables de la ville, pour venir au-devant de nous. Il nous invita à dîner, mais ayant ajouté que ſon repas ordinaire étoit le ſouper, nous le priâmes de ne point déranger ſon régime, & de nous excuſer ſi nous n'acceptions pas le ſouper, attendu que, fatigués de nos courſes du jour, nous nous retirions de très-bonne heure, & qu'il nous ſuffiſoit de n'être pas venus dans ſon gouvernement, ſans lui rendre nos devoirs. Cela nous ſuffiſoit ſi bien que nous n'y retournâmes plus. Le tableau changeant de notre auberge nous faisoit mieux connoître les Marseillois que n'auroit fait l'hôtel du gouverneur, où nous n'aurions vu que des joueurs de lansquenet, compagnie aussi mauvaise qu'uniforme, & qu'on trouve dans tout les gouvernemens de nos provinces. On met de la dignité à tenir ces repaires ; je n'y vois que de l'argent pour les valets, si même cela se borne à eux, & de la honte pour les maîtres.

Nous n'acceptâmes à Marseille qu'un dîner chez M. Guys, négociant distingué, & qui le seroit dans les lettres, s'il ne se bornoit pas à en faire son délassement. En me promenant sur le port, je vis un bâtiment prêt à mettre à la voile pour Civita-Vecchia, & l'on me dit qu'il portoit les meubles & équipages du nonce Colonne, aujourd'hui cardinal Pamphile. En rentrant à mon auberge, je trouvai le secretaire du cardinal qui venoit m'offrir de passer en Italie sur ce même bâtiment où je serois très-commodément. Il savoit que j'étois fort connu du cardinal, avec qui je m'étois souvent trouvé pendant sa nonciature à Paris, chez M. le duc de Nivernois, son parent. La proposition me tenta, & je lui dis que, voulant aller passer quelques jours à Toulon, je profiterois de ses offres à mon retour, s'il pouvoir jusques là différer son départ. Il me le promit, & le comte de Rochefort & moi allâmes à Toulon voir l'intendant, M. Urson, qui ne voulut jamais nous laisser loger ailleurs que chez lui. Pendant notre séjour, M. de Bompar, commandant de la marine, nous invita à dîner; & sur ce que je lui dis de mon projet d'embarquement, il me conseilla de n'en rien faire. Si le roi, ajouta-t-il, m'ordonnoit dans cette saison d'aller à Rome, je m'y rendrois par terre. Le vent peut vous porter par-tout ailleurs qu'à Civita-Vecchia, peut-être en Sardaigne ou en Corse, & vous y retenir long-temps. Le conseil d'un homme aussi fait à la mer que M. de Bompar me décida, & à mon retour à Marseille, je remerciai l'abbé Porta de ses offres, & pris la route d'Antibes. Je vis en passant par Fréjus, où je m'arrêtai assez pour parcourir la ville & faire des questions sur le local & la société, que le cardinal de Fleury, qui en avoit été évêque, avoit grande raison de dire, qu'aussi-tôt qu'il eut vu sa femme, il en fut dégoûté; aussi ne vécut-il guere avec elle. Il y a mille paroisses de village qui l'emportent sur la cathédrale de Fréjus, ce qui fait du moins une présomption sur la pauvreté d'un pays. L'abbé de Fleury, accoutumé au féjour de la cour, où il fut long-temps aumônier du roi, regarda Fréjus comme un exil, quoiqu'il eût eu bien de la peine à l'obtenir. Mais ceci n'a rien de commun avec mon voyage, & j'en parle dans l'hiftoire du regne préfent.

Je trouvai à Antibes, dans l'auberge où je defcendis, le marquis de Barbantanne qui alloit en qualité de miniftre de France, réfider à Florence; fes équipages étoient déja embarqués dans une félouque, fur laquelle il fe difpofoit à paffer à Gênes. Les félouques s'éloignant peu de la côte, on n'eft pas expofé, en cas de mauvais temps, à refter à la mer plus long-temps qu'on ne le veut; on peut toujours aborder & coucher à terre, au-lieu que dans un bâtiment qui a pris le large, il faut obéir au vent. Mon deffein étant auffi de paffer à Gênes, le marquis de Barbantanne m'auroit donné place dans fa félouque, s'il eût été poffible de m'y arranger; mais elle étoit déja fi embarraffée d'équipages, qu'à peine pouvoit-il s'y placer lui & fes gens; encore étoit-il obligé de s'y renfermer dans la caiffe de fa chaife. Je fis donc marché avec le patron d'une autre félouque, & M. de Barbantanne & moi convînmes que ne pouvant être dans la même, nous partirions du moins en même-temps, pour nous retrouver, le soir ensemble au lieu où nous aborderions. Un ouragan qui dura deux jours nous ayant retenus à Antibes, nous en partîmes le lundi matin 15 décembre, par le plus beau temps; mais à peine avions-nous dépassé Nice, le vent devint si fort & si contraire, que tout ce que nous pûmes faire fut, à force de rames, de gagner Monaco. La félouque de M. de Barbantanne, apparemment trop chargée, resta bientôt en arriere, & nous ne nous rejoignîmes qu'à Gênes où j'arrivai plusieurs jours avant lui. Le ciel étoit si pur & l'aspect de la ville de Monaco, placée sur le plateau d'un rocher, me parut si agréable, que j'y montai. Le commandant chez qui je fus conduit, me reconnut d'abord pour m'avoir vu à Paris en différentes maisons. C'étoit un chevalier de Saint-Louis. Je ne me le rappellois pas; mais je n'en témoignai rien, & répondis à ses politesses. Il voulut m'engager à passer la journée avec lui, m'offrant de me coucher au château. Sur ma réponse qu'il y avoit sur la félouque d'autres passagers qui ne seroient pas, non plus que le patron, disposés à s'arrêter, il m'offrit du moins de rester à dîner. Je m'en excusa encore, parce que le vent commençoit à tomber, & qu'on ne tarderoit pas à reprendre la mer.

Je me contentai de voir avec lui le château & la place, d'où l'on découvre la plus grande étendue de la mer & des côtes. Après avoir fait à ce commandant les remerciemens que je lui devois, je redescendis au port, & nous partîmes. Le vent étant devenu favorable, nous voguâmes le reste du jour & toute la nuit. Nous arrêtâmes le matin à Noli, où nous déjeûnâmes avec d'excellent poisson, & nous rembarquâmes tout de suite. Nous avions bien fait de profiter du vent de la nuit; car il changea, devint contraire & si fort, que nous fûmes près de trois heures à doubler, à force de rames, la pointe d'un rocher, sans quoi nous aurions eu à dériver très-loin. Nous gagnâmes enfin Savone vers les deux heures après-midi. Ne sachant si la mer seroit plus praticable le lendemain, & n'étant qu'à dix lieues de Gênes, j'arrêtai des mulets pour m'y rendre par la Corniche, laissant mon bagage dans la félouque, & n'emportant qu'un porte-manteau. Ce qu'on appelle la Corniche est un chemin raboteux, haut & bas, n'ayant de largeur que pour un mulet & sa charge, taillé sur le flanc de la montagne, de sorte qu'en y passant on a le rocher d'un côté & le précipice de l'autre, sans garde-fou. On n'y va qu'au pas du mulet, & on met environ six heures à faire les cinq lieues de Savone, par la montagne, au pied de laquelle est un lieu assez considérable & agréablement situé au bord de la mer à cinq lieues de Gênes, où je me rendis en deux heures dans une calêche, par un chemin aussi uni qu'une allée de jardin.

Voulant connoître la nature des chemins de l'Italie, & les différentes manieres d'y voyager, je me sus bon gré d'avoir fait l'essai de la Corniche, sans quoi je ne m'en serois pas fait une idée complete. Le passage du mont Cenis, dont les voyageurs parlent tant, est un chemin royal en comparaison de celui-là. Il seroit facile de l'élargir; il suffiroit de couper sur le flanc du rocher, & de déblayer du côté du précipice; on pourroit même faire un parapet des pierres qu'on arracheroit de la montagne, comme on l'a fait en Savoie, au lieu nommé les échelles, *Scalæ*. Des troupes auroient bientôt fait un tel ouvrage. Mais les Génois ne veulent pas rendre si aisés, par terre, les accès de leur capitale. Les difficultés de la Corniche n'ont pas empêché l'armée de Dom Philippe d'y passer.

Je n'avois pris, en partant, aucune lettre

tre de recommandation, attendu que je connoiſſois les miniſtres que nous avions en Italie, & qu'ils étoient ſuffiſans pour me préſenter dans les principales maiſons où j'aurois envie d'aller; & pluſieurs m'auroient même logé, ſi je n'avois toujours préféré, en voyage, la liberté de l'auberge ou de la chambre garnie.

Le lendemain de mon arrivée à Gênes, le 17 décembre, j'allai voir M. Boyer de Fons-colombe, notre miniſtre auprès de la république. J'en fus reçu avec toutes ſortes de marques d'amitié. J'y dînai, & il vouloit que je lui promiſſe de paſſer avec lui tout le temps de mon ſéjour à Gênes; je le vis en effet aſſez aſſiduement, & à l'exception de mes courſes dans la ville pour voir ce qu'il y a de curieux, je partageois mon temps entre lui & le marquis de Lomellini, qui, heureuſement, étoit ſorti du Dogat, ſans quoi je n'aurois pu le voir qu'avec toutes les formes de l'étiquette. Nous avions beaucoup vécu enſemble à Paris, lorſqu'il y étoit envoyé de la république. Nous nous revîmes avec cette joie que reſſentent deux compatriotes qui ſe retrouvent en pays étranger. Il n'y avoit pourtant alors que moi qui le fuſſe. C'eſt que Paris devient la patrie univerſelle de tous ceux, de quelque pays qu'ils

B

soient, qui y vivent en bonne compagnie. Le souvenir qu'on en garde ailleurs, nuit souvent au plaisir qu'on auroit de vivre chez soi, si l'on n'en étoit pas sorti. La campagne seule, quand on est assez heureux pour en prendre le goût, dédommage de notre grande capitale. Paris ou le village, pourroit être le vœu de bien des gens raisonnables.

Le marquis de Lomellini est un des hommes en qui j'ai trouvé le plus d'esprit, de belles-lettres, de science, de philosophie, de vivacité & d'agrément dans la conversation. Il n'y a point d'académie en Europe dont il ne fût un des membres les plus distingués. Il connoît parfaitement les vrais intérêts de sa république, & le grand art de se prêter aux circonstances. Si ses conseils eussent prévalu dans l'affaire de Corse, Gênes s'en seroit mieux trouvé & nous aussi. Mais les hommes supérieurs ont souvent le malheur d'avoir pour confreres, dans quelques compagnies que ce soit, des sots & des jaloux, égaux de rang & de crédit, & opposés à toutes les vues qu'ils seroient incapables d'avoir.

Parmi les curiosités de Gênes, j'en remarque une assez plaisante ; c'est le mot de *Libertas*, fastueusement écrit sur les édifices publics, & même sur la prison,

& que le peuple lit avec complaisance. C'est à-peu-près tout ce qu'il connoît de la liberté, quoiqu'il l'ait seul rendue à ses maîtres.

J'avois fort connu à Paris madame Brignolil, mere de la princesse de Monaco. C'étoit alors une des plus belles femmes, de l'air le plus noble & d'un caractere si aimable, que plusieurs femmes lui pardonnoient sa beauté. Je voulois la voir avant de quitter Gênes ; mais j'appris qu'elle étoit retirée dans une terre où elle ne recevoit que sa famille. Dès que sa beauté avoit commencé à se passer, les vapeurs l'avoient saisie, & la mélancolie y succédoit. C'est une de ces infortunées qui ne savent ni vieillir, ni remplacer la jeunesse, quoiqu'elle eût plus de moyens que d'autres d'avoir des amis qui valent bien des adorateurs.

En parlant de nos amis communs, M. de Lomellini me dit qu'il avoit écrit à d'Alembert, sur son ouvrage au sujet de l'expulsion des jésuites de France : *Vous avez oublié la loi de Solon contre les impartiaux.* Le marquis de Lomellini n'est pas ami des jésuites ; & quelque attention qu'on ait à cacher son éloignement pour eux, ils ne s'y trompent jamais : ce sont les rats qui sentent un chat de très-loin, avec cette différence que les rats jésuites n'oublient rien pour étrangler le chat, & y réussissent souvent. M. de la Chalotais en est un cruel exemple. M. de Lomellini a donc le plus grand intérêt à la destruction des jésuites, ce qui ne peut arriver à Gênes que par leur extinction à Rome, attendu que les plus grandes maisons Génoises ont des parens chez eux, & qu'ils sont dans une grande considération.

Si la société de M. de Lomellini m'eût fait prolonger mon séjour à Gênes, la douceur du climat n'y auroit pas contribué. Il y tomba un demi-pied de neige pendant que j'y étois. Je ne doute pas qu'on n'y soit brûlé en été par la réverbération des rochers qui entourent la ville. Comme j'aspirois à une température plus douce, je partis au bout de dix jours. M. de Lomellini me fit promettre de repasser dans la belle saison; mais les promesses des voyageurs dépendent si fort des circonstances, que je ne pus tenir la mienne.

La veille de mon départ, j'eus sujet de me louer de ne m'être pas embarqué sur le vaisseau du cardinal Pamphile. L'abbé Porta, après avoir battu la mer pendant plus de quinze jours, fut obligé de se faire mettre à terre à Gênes, & fit bien; car le bâtiment n'aborda à Civita-Vecchia que deux mois après mon arrivée à Rome. L'abbé vint me trouver, & me proposa de faire route avec moi. Je fus très-content d'avoir un compagnon de voyage, qui connoiſſoit parfaitement l'Italie, où il avoit paſſé pluſieurs années.

Le lendemain, 26 décembre, je le menai chez M. Boyer, notre miniſtre, où j'étois invité à faire un déjeûné pendant qu'on placeroit nos malles & porte-manteaux dans le canot du courier, avec qui nous devions paſſer à Léricé, pour y prendre la poſte. Nous partîmes vers midi, par le plus beau ſoleil, mais avec un vent froid ſi contraire, que nous n'arrivâmes qu'à la nuit à trois-lieues de Gênes, où nous entrâmes dans une félouque, ſur laquelle nous arrivâmes à Léricé à trois heures du matin. Le directeur de la poſte de Gênes m'avoit prévenu qu'un violent orage avoit tellement dégradé le chemin de la premiere poſte en ſortant de Léricé, que ſi je voulois l'éviter, le patron de la félouque avoit ordre de me conduire à Via Reggio, au cas que je l'exigeaſſe. Il n'en fit pas la moindre difficulté ; mais comme il étoit fête, il voulut entendre une meſſe qui ſe dit vers quatre heures. J'avois inutilement repréſenté que le vent étant devenu favorable, nous arriverions aſſez tôt à Via-Reggio, pour y avoir une messe; le scrupuleux patron m'objecta le risque de la manquer; & quoique je n'eusse pas la même crainte, ne voulant pas dans un tel pays montrer là-dessus la moindre indifférence, je le suivis à l'église, &, messe entendue, nous rentrâmes dans la félouque, n'ayant pour couverture qu'un ciel très-étoilé & très-serein, & qui n'en étoit que plus froid. Les félouques sont ordinairement couvertes; mais le patron avoit besoin des étoiles par une telle nuit pour se guider. Je n'eus de ressource contre le froid que de me doubler de quelques coups de vin, de me rouler dans une couverture, & de me coucher à plat en attendant qu'il plût au soleil de se lever. Nous avions déja fait une lieue lorsque le patron, qui s'étoit si bien souvenu de la fête, s'apperçut qu'il avoit oublié, à Léficé, son certificat de santé, absolument nécessaire sur toute la côte de la méditerranée, & qu'il faut, par-tout où l'on veut prendre terre, présenter, au bout d'une perche, au garde qui vient reconnoître la félouque, & voir si elle n'est pas sortie de quelque lieu suspect de contagion. Sans ce préalable, on nous eût plutôt écartés à coups de fusils, que de nous laisser aborder. Nous perdîmes donc l'avantage de deux lieues, tant à retourner chercher notre passe-port, qu'à revenir sur notre route.

Les premiers rayons du soleil, sans le moindre nuage, nous firent grand plaisir; mais une heure après son lever, le vent tomba, & on reprit les rames. Nous commençâmes, mon compagnon & moi, par déjeûner amplement pour nous réchauffer. Nous étions assez bien munis de vin, de pain & de viandes froides; ainsi nous en fîmes part au patron & aux rameurs. Cela leur donna du zele, & nous fit arriver avant midi à Via-Reggio, joli village de la république de Lucques.

Le temps étoit si beau, qu'après un second déjeûné à l'auberge où est la poste, nous nous promenâmes jusqu'au coucher du soleil. Je remarquai des maisons assez riantes, où des citoyens de Lucques viennent passer la belle saison, & en plusieurs endroits le mot de *liberté*, qui n'est pas là un mot vuide de sens. Le gouvernement doit être bon, puisque les paysans s'en louent, & que cette premiere classe des hommes, la plus nombreuse & la plus utile, est le seul thermometre d'une bonne ou d'une mauvaise administration. La preuve de la vraie liberté d'un peuple, est son bien-être. Que les sujets d'un grand état en tirent vanité, à la bonne-heure. C'est souvent un mulet qui, sous sa charge, se glorifie de son panache & de ses sonnettes. On ne voit, dans la petite république de Lucques, ni mendians, ni fainéans, ni vagabonds, & sa population est, relativement à son étendue, la plus forte de l'Italie. On y recueille peu de bled; mais l'industrie procure aux Lucquois les moyens de suppléer à ce que la nature leur a refusé. *Discite reges!*

La nuit nous ayant fait rentrer à l'auberge, nous y trouvâmes un bon souper & des lits propres. C'est le seul endroit de l'Italie, excepté dans les villes, & pas en toutes, dont je puisse parler ainsi.

Le lendemain matin la poste nous conduisit à Pise, dans une chaise à deux. Les maîtres de postes en fournissent suivant un prix réglé; mais si l'on veut toujours se servir de la poste, il vaut mieux avoir sa voiture, pour éviter l'incommodité de passer les malles d'une chaise sur l'autre, sans compter la perte du temps. Nous fûmes très-bien traités, bonne chere, bon vin, & chambre propre, à une auberge près du pont de marbre, c'est le principal des trois qui sont sur l'Arno, & joignent deux quais assez semblables à ceux de Paris. J'allai après-dîné voir monsignor Cérati, chef, quant au spirituel, de l'ordre de Saint-Etienne. Ce prélat vénérable par son âge, l'est encore plus par son caractere, ses mœurs douces, l'étendue de ses connoissances en tout genre de sciences & de littérature. C'est un des plus aimables savans & des plus communicatifs que j'aie rencontrés. Quoique nous ne nous connussions que de nom, il me fit les plus tendres reproches sur ce que je n'étois pas venu descendre à son palais & dîner avec lui. Ce fut avec peine qu'il se rendit aux raisons que j'avois de partir de Pise dès le lendemain, parce que j'en avois pris l'engagement avec mon compagnon de voyage que son devoir obligeoit de se rendre à Rome. Nous avions déjà arrêté notre voiture pour partir le jour suivant à dix heures du matin, suivant la regle d'Italie, qui oblige de séjourner vingt-quatre heures dans le lieu où l'on est arrivé par la poste, si l'on ne continue pas de s'en servir. L'embarras du déplacement des malles, n'ayant point de voiture à nous, nous fit arrêter celle d'un voiturin, & un cheval pour mon domestique. Il s'engageoit à nous rendre à Rome le sixieme jour, & n'y arriva pourtant que le septieme.

Je fis une observation à Pise, sur des orangers en pleine terre, chargés de fleurs & de fruits, dans un jardin à la vérité peu étendu, & entouré de bâtimens; mais il faisoit assez froid pour qu'il y eut de la glace sur des flaques d'eau. J'avois aussi cueilli de très-belles, bonnes & grosses oranges dans la montagne de Lesterelle, où il y a souvent neige & glace. Je suis persuadé qu'il y a bien des lieux en France où des orangers exposés au midi & à l'abri du nord, viendroient en pleine terre, particuliérement près de la mer, où le froid n'est pas si vif que dans les provinces méditerranées.

Après avoir parcouru les quais & les plus beaux quartiers de la ville, jusques au coucher du soleil, nous allâmes à l'opéra, où j'eus quelques instants de plaisir & beaucoup d'ennui. Sans entrer dans la dispute sur la préférence de la musique françoise ou italienne, qui a occasionné tant de bavardages & d'écrits bons ou mauvais, je dirai pour mon goût que les opéras bouffons m'ont fait souvent plaisir, que les grands opéras m'ont, à quelques morceaux près, excédé d'ennui, & qu'à tout prendre, l'ensemble des nôtres est fort au-dessus de ceux d'Italie. Leurs autres spectacles ne méritent pas qu'on en parle.

Nous prîmes notre route par la Scala, Stagio, Sienne, Sanquirino, Radicofani, derniere place de la Toscane; Aquapendente, première de l'état du Pape ; Montefiascone, Viterbe, Ronciglione, Monterosi, la Storta, & arrivâmes à Rome le 4 janvier 1767, vers trois heures après-midi. Je conseille à tout voyageur de ne s'arrêter, sur-tout pour coucher, nulle part, hors dans les villes qui en méritent le nom. Tout est ailleurs d'une mal-propreté dégoûtante. On ne pourroit, par exemple, se figurer un bouge, tel que l'auberge de Stagio, qui voudroit pourtant avoir un air de ville : on prend là une idée des auberges de la route de Rome à Naples. On est encore plus frappé du contraste quand on a voyagé en Angleterre, où j'ai trouvé dans des auberges de village une propreté qu'on ne verroit pas toujours dans les hôtels garnis de Paris.

Le vin est bon dans toute la Toscane, & dans plusieurs endroits tient plus ou moins du muscat. Le *muscatello* de Montefiascone est célebre, & les aubergistes écrivent volontiers sur leur enseigne le triple mot, *est*, *est*, *est*, pour attester la bonté de leur vin, en rappellant la mémoire du prélat allemand Jean de Fueris, qui en but tant qu'il en mourut. Tous les voyageurs en ont parlé.

Ce qui est plus intéressant que la mort de Jean de Fueris, c'est la culture de la

Toscane, qui m'a paru bien cultivée par-tout où elle est cultivable; car, n'en déplaise aux enthousiastes, cette délicieuse Italie offre, dans une grande étendue de pays, l'image de la nature bouleversée par les tremblemens de terre & les volcans. Ceux qui n'y ont pas voyagé concevront aisément que l'Apennin, qui la partage dans toute sa longueur, depuis les Alpes jusqu'aux extrêmités du royaume de Naples, doit couvrir de roches entassées un espace prodigieux de pays nécessairement inculte. Cette chaîne de montagnes a aussi l'avantage de fournir quantité de ruisseaux & de rivieres qui fertilisent les plaines, & l'inconvénient des torrens qui en ravagent beaucoup. Les plateaux de Florence, Pise, Sienne, Bologne & autres, sont de la plus forte végétation & de la plus belle culture. Je parlerai de la Terra-Felice, à l'article de Naples.

Avant de quitter la Toscane, je dois dire que j'y ai vu le paysan par-tout vêtu de drap, bien logé & nulle part des sabots. C'est, je le répete, sur l'état du paysan que je juge du gouvernement, que je n'ai ni le temps ni le moyen de connoître.

Nous eûmes le bonheur de n'être arrêtés dans notre chemin par aucun torrent; nous les trouvâmes tous à sec; mais nous éprouvions un froid très-vif dans notre voiture italienne, espece de cabriolet fermé par des simples rideaux sur le devant. Le ciel étant très-net, nous mettions souvent pied à terre pour nous réchauffer en marchant, sur-tout aux montagnes où les chevaux ne pouvoient monter ni descendre plus vîte que nous. Cette ressource nous manqua le quatrieme jour. Le temps se couvrit, & il tomba une si grande quantité de neige, que nous ne cessâmes de la traverser depuis Aquapendente, qu'en approchant de Monterosé, pendant dix à douze lieues.

Jusques-là, je ne m'étois pas apperçu de la moindre différence entre l'hyver de France & celui d'Italie; mais passé Monterosé, je commençai à la sentir, & ce n'étoit point par le relâchement du temps, ce qui arrive par-tout, à Stockholm comme à Paris. J'ai soigneusement observé la température de Rome & de Naples pendant l'hyver; & comme celle d'une seule année ne peut pas servir de regle, voici quelque chose de plus précis; ce sont les observations météorologiques, faites par les peres Jaquier & le Sueur, minimes François, & les meilleurs physiciens qu'il y ait en Italie.

OBSERVATIONS

DE ONZE ANNÉES CONSÉCUTIVES,

Dont on a formé une année commune.

La quantité de pluie qui tombe à Rome est de trente pouces & demi. A Paris il est rare qu'elle aille à vingt. Des onze années observées à Rome, il y en eu deux à 43 pouces, & deux à 26. A Paris, il y en a eu en 60 ans, une seule à 25, qui fut en 1711, année de la plus grande inondation connue, & plusieurs depuis 7 pouces jusques à 9, 10, 11, 12, 13, 14 & 15. L'année 1723, fut de 7 pouces 8 lignes. (*Voyez les Mémoires de l'Académie des Sciences*).

Il y a encore cette différence entre Paris & Rome, que les plus grandes pluies de Paris sont ordinairement de la mi-mai à la mi-août, & à Rome de la fin d'août au commencement de décembre. On peut observer aussi, que si les mois pluvieux ne sont pas les mêmes dans ces deux villes, il pleut dans l'une & dans l'autre, autant ou plus dans les trois mois pluvieux que dans les neuf autres.

A l'égard des observations du thermomètre de Réaumur, pendant les mêmes années, la liqueur monte pendant l'été, assez communément, à trente degrés & demi ; s'y soutient huit à dix jours, & baisse ensuite pour y remonter bientôt. La liqueur à Paris n'a, depuis le siecle, monté qu'une seule fois, en 1753, à trente & un quart, ce qui ne dura que quelques heures. Dans les hyvers de Rome, par un temps serein & la nuit, la liqueur a quelquefois baissé jusqu'à douze degré, terme assez ordinaire des hyvers de Paris, où celui de 1709 n'a été qu'à quinze degrés & demi. Mais nos jours de grand froid se soutiennent aussi long-temps que ceux du grand chaud à Rome ; au-lieu que dans les jours les plus froids de cette ville, il n'existe point de glace à midi, & qu'on y jouit alors d'une température de printemps. L'hyver est la belle saison de Rome.

Tous les voyageurs parlent de leur surprise, & même de leur admiration en entrant dans Rome par la porte du peuple. La place devroit être du moins ornée de bâtimens d'une architecture noble & uniforme dans le goût de notre place Vendôme, au-lieu qu'elle n'est entourée que de maisons basses, inégales, & dont la plupart sont des écuries ou des greniers à foin. Les trois rues en pate-d'oie qui viennent aboutir à la place, & dont l'obélisque du milieu fait le sommet des angles qu'elles forment, n'ont pas assez de largeur. Celle du milieu, qu'on nomme le cours, devroit sur-tout en avoir davantage, relativement à sa longueur & à sa destination. C'est où l'on se promene en carrosse, où se font les courses de chevaux & les entrées publiques. Les palais, dont elle est ornée par intervalles, ont leurs beautés intérieures; mais cette longue suite de fenêtres grillées y donnent un air de prison. Le palais de France est celui dont la façade m'a paru la plus noble. On le nomme communément l'académie, & le roi y entretient toujours douze ou quinze éleves qui, pendant trois ans, étudient à Rome ce qu'elle renferme de plus beau en peinture, sculpture & architecture.

Aussi-tôt que nous entrâmes dans Rome, un commis ou un garde arrêta notre voiture, pour nous conduire à la douane & y faire visiter nos malles. Ne s'y trouvant rien de sujet aux droits, l'attention des visiteurs se porta sur mes livres pour les faire examiner le lendemain par celui qui est chargé de cette fonction. Ce n'étoit que des ouvrages relatifs à l'Italie, où je prenois d'avance les notions de ce que j'allois voir ; aussi les envoyai-je réclamer le jour suivant, & ils me furent rendus. J'étois assez prévenu de cette visite pour n'avoir pas mis avec ces livres le voyage de Misson qu'on auroit confisqué, comme étant à l'index. Le cardinal Piccolomini, avec qui je vécus assez familiérement, m'ayant offert de me procurer une permission du Pape, d'avoir & de lire des livres prohibés, je lui dis qu'il me faudroit d'abord une absolution de ceux que j'avois lus, & que ce seroit trop de grace à la fois. Il se mit à rire, & il ne fut plus parlé de permission. Il savoit d'ailleurs que j'étois un auteur à l'index, pour un ouvrage où je n'ai pas trop ménagé la cour de Rome, ni son grand oncle Pie II, Ænéas Silvius Piccolimini.

A propos des douanes, on passe sous tant de dominations différentes en parcourant l'Italie, que ces visites sont une des incommodités du voyage. On se les épargne quelquefois avec de l'argent ; mais que les commis visitent ou non, il faut toujours les payer. Un autre embarras vient de la diversité des monnoies. Il est vrai que l'or en louis, guinées ou sequins, a cours par-tout avec plus ou moins de valeur. Le sequin romain, par exemple, qui vaut vingt paoles & demi à Rome, n'est reçu que pour dix-neuf & demi en Toscane. La paole vaut un peu plus de dix sols & demi de France, & le louis quarante-quatre ou quarante-cinq paoles.

On ne voit guere à Rome d'or ou d'argent dans le commerce; tout se paie en papier-monnoie; de sorte que l'argent & le billon, ne servent que pour des *appoints*. Les banquiers ne paient qu'en papier les neuf dixiemes à-peu-près des lettres-de-change qu'on leur présente, & quelque confiance que le gouvernement puisse donner au papier, j'ai toujours vu les marchands préférer les especes.

Les pays catholiques ayant communément des sommes à payer à Rome, pour des bulles de dispenses, &c. le change est de 4, 5 & 6 pour cent à l'avantage de cette ville. Il n'en étoit pas ainsi en 1766. La France avoit fourni tant de bled à Rome dans des années de disette en Italie, que Rome devoit à la France, & je fus payé au pair. Je m'étois muni de trois mille livres en or, en partant de France, & M. de la Borde, banquier de la cour, m'avoit donné pour 12,000 livres de lettres de crédit sur Gênes, Rome, Naples & Venise.

A propos de l'argent que les états catholiques font passer à Rome, on croit communément que la France y porte des sommes immenses. Quelques modiques qu'elles fussent, ce seroit peut-être toujours trop. Mais, sans entrer dans cette question ; j'ai voulu en connoître le vrai. Voici le relevé de cinq années, pris sur les regiftres mêmes de la daterie, de l'argent payé par la France, pour bulles & difpenses de toute espece, en y comprenant jusqu'aux frais des banquiers expéditionnaires de Rome.

Années.	Argent de France.
1764.	457647 l. 3 f. 7 d.
1765.	318431 l. 19 f. 9 d.
1766.	426147 l. 16 f. 7 d.
1767.	334740 l. 8 f. 9 d.
1768.	342939 l. 9 f. 4 d.

Les propines du protecteur ont été pour les deux années 1767 & 1768, en tout de 34029 l. 6. f. 9 d.

Les sommes payées à la daterie seroient plus fortes, fi l'on payoit fuivant la fixation du concordat ; mais on y fait prefque toujours une diminution d'environ un tiers.

Au fortir de la douane, je me fis conduire près de la place d'Espagne, où j'eus un logement affez honnête, à quatre fequins par mois. Le carroffe me coûtoit quatorze à quinze paoles par jour, & cinq par repas quand je mangeois chez moi. Tout auroit été plus cher, si le carnaval eût eu lieu cette année à Rome, où il est plus brillant qu'en aucune ville d'Italie. Le pape affligé de la disette, l'avoit défendu par une dévotion très-contraire à la politique, car il priva Rome de plus de deux millions que les étrangers y auroient dépensés.

Dans quelque lieu qu'on aille, on sait que tout est cher pour les étrangers; mais la vie ne l'est pas à Rome pour quelqu'un d'établi. On y brûle peu de bois; beaucoup de chambres n'ont point de cheminée, plus par économie que faute de besoin. J'écrivis à ce sujet à un grand seigneur de France, que la plus forte preuve que j'avois trouvée de la douceur du climat, étoit de n'avoir guere de feu, & que je ne doutois point qu'on ne me prouvât la douceur des mœurs par l'impunité des crimes. Je parlerai ailleurs du prix des denrées, & de la valeur des monnoies.

Le lendemain de mon arrivée à Rome, j'allai voir notre ambassadeur, M. d'Aubeterre, dont j'eus dès ce moment, & pendant tout mon séjour, les plus grands sujets de me louer. Il a rempli avec distinction les trois premieres ambassades, Rome, Vienne & Madrid. Je vis le même jour l'abbé de Veri, notre auditeur de Rote, homme d'esprit & de mœurs douces, & le bailli de Breteuil, ambassadeur de Malthe, un des hommes les plus aimables. Ma liaison avec eux trois fut bientôt au point que je pouvois me regarder chez eux comme chez moi. Ce sont sans contredit les meilleures maisons, & à-peu-près les seules de Rome. Je ne sache, de tout le sacré college, que le cardinal d'Yorck, qui ait une table de sept à huit couverts. Presque tous les cardinaux ou princes romains, donnent pour la leur, où ils se trouvent seuls, une somme modique à un soi-disant maître-d'hôtel. Leur dépense est en équipages & livrées, ou décoration de leur palais. On sait qu'à Rome le seul repas est le dîné; le soir dans les assemblées, qu'on nomme conversations, on joue, on cause, on prend des glaces.

Je fus présenté dans les principales maisons, chez la duchesse de Bracciano, la princesse Altieri, &c. Je connus encore la plupart des personnes distinguées chez M. d'Aubeterre & chez l'abbé Veri, qui, tous les mercredi, avoit un concours ou l'assemblée étoit d'autant plus nombreuse, que le pape, non content d'avoir défendu les spectacles publics, avoit encore, par un édit très-libellé, interdit tous les divertissemens particuliers. *Monsignor* de Veri, quoique très-décent dans toute sa conduite, & attaché par sa place à la cour de Rome, se regardoit cependant en sa qualité d'auditeur pour la France, comme assez indépendant du pape, pour ne se pas croire obligé d'obéir à l'interdit. On ne regarde à Rome que les cardinaux de supérieurs aux auditeurs de Rote ; aussi appelle-t-on quelquefois ceux-ci les éminences noires. Ils sont sans contredit à la tête de la prélature, des *monsignori*. Notez que le *monsignor* ne répond point à notre *monseigneur* en françois ; *signior mio* le rendroit mieux. Il en est ainsi des *lords* en Angleterre. Lorsque le roi leur adresse la parole au parlement, il n'entend certainement pas dire qu'ils soient ses supérieurs ; mais ses premiers sujets. Si le nom de *pair* étoit de style pour cette dignité en France, comme celui de *lord* pour la dignité angloise, en concluroit-on que le roi, en disant *mes pairs*, diroit *mes égaux* ? ou qu'un particulier obscur, en donnant ce titre à un pair, le traiteroit d'égal? Les mots n'ont que la valeur fixée par l'usage ; *monsieur* n'est qu'une abréviation de *monseigneur*, & a cependant une acception très-différente. Il y a plus de cent *monsignori* à Rome; mais tous ne sont pas de même étoffe. La plupart se trouveroient honorés de l'épiscopat, & quelques-uns le dédaigneroient, parce qu'ils prétendent au chapeau, & que les cardinaux ne font à Rome aucune comparaison du violet au rouge. Les prélats ne sont extérieurement distingués des autres ecclésiastiques, que par des bas violets. Nul évêque ne porte à Rome de croix; il n'y a que le pape seul qui en ait une.

L'abbé de Véri ne suspendit son concert que pendant la semaine sainte, & le concours y fut aussi fort dans le carême que dans le carnaval. On y présentoit des glaces & autres rafraîchissemens à l'assemblée composée d'hommes & de femmes, tous de gens de marque ou très-connus, tant Italiens qu'étrangers. Le sénateur de Rome, l'aîné des neveux du pape, y venoit souvent. J'y ai vu aussi le cardinal Pamphile. Je remarquai parmi les étrangers les petits-fils du célebre général Munich, deux jeunes gens, l'un de dix-sept & l'autre de dix-huit ans, très-polis, & de la meilleure grace. Je causai avec eux, & fus d'abord étonné de trouver de jeunes Russes aussi instruits qu'ils l'étoient; parlant facilement l'italien & le françois, & montrant en tout beaucoup de justesse d'esprit. Mon étonnement cessa lorsque j'appris que, nés en Sibérie pendant l'exil de leur famille, ils y avoient été élevés & formés par un pere & un aïeul, instruits eux-mêmes par le malheur, si propres à réformer les grands. Le général Munich étoit un de ces hommes qui ont éprouvé dans leur vie les faveurs, les disgraces & tous les caprices de la fortune. Il a fini sa carriere au milieu des honneurs, dont il avoit si bien connu l'instabilité. Sur ce que j'ai vu des jeunes Munich, qui ont du bien ailleurs qu'en Russie, je doute qu'ils y fixent leur fortune. Les voyages, en faisant connoître d'autres gouvernemens que le despotisme, ne lui sont pas favorables. On peut lui appliquer ce que Sancho dit de l'état de chevalier errant, qu'on y est toujours à la veille d'être empereur, ou roué de coups de bâton.

Ayant eu occasion d'être connu de plusieurs cardinaux, dans les maisons où j'avois été présenté, je reçus un jour la visite d'un moine, chef d'ordre, qui me dit que ces éminences avoient envie de faire avec moi une connoissance plus particuliere, & qu'il seroit flatté de m'y conduire. Je répondis avec politesse pour le moine, & respect pour leurs éminences, que je me sentois très-honoré de leurs bontés;

bontés ; mais que je n'en pourrois profiter qu'à mon retour de Naples, où j'étois prêt d'aller, pour voir un carnaval d'Italie, puisqu'il n'y en avoit point cette année à Rome. Je prenois ainfi le temps de m'informer d'avance à M. d'Aubeterre, de ceux qu'il me feroit le plus agréable de connoître. J'avois déja eu dès le lendemain de mon arrivée une autre vifite, celle du pere Foreftier, premier affiftant du général des jéfuites. Nous ne nous connoiffions que de réputation, & notre réputation n'étoit pas la même. Il favoit que j'étois des amis de M. de la Chalotais ; il étoit fort éloigné d'en être. Mais il eft Breton, ainfi que moi, & le *cara patria* fut le texte de notre premier entretien. Il étoit accompagné d'un jéfuite Italien que je voulus faire approcher du feu, au-deffous de lui & au-deffus de moi. Laiffez, laiffez, me dit-il, le pere où il eft, il eft bien. Nota, que c'étoit dans un coin de la chambre. Je compris que ce n'étoit qu'un valet-de-chambre de robe-longue ; je n'infiftai pas, & me conformai à l'étiquette de la fociété.

Le P. Foreftier eft le plus délié jéfuite que j'aie connu. Sa phyfionomie eft pleine d'efprit, & ne trompe point à cet égard. Il eft à Rome le principal reffort de toutes les affaires de fon ordre, & de plus est à la tête du college romain. Après les assurances du plaisir de me connoître personnellement, il me confia tout ce qu'il ne doutoit point que je ne fusse déja, ou que je saurois bientôt. Il me dit qu'il arrivoit de Londres, où il étoit allé pour des arrangemens relatifs aux dettes de sa société. Elle auroit mieux fait de prévenir le procès, que de chercher des moyens tardifs de remédier au mal.

Pour moi, qui n'ai jamais eu à m'en louer ni à m'en plaindre, & qui n'en suis point éleve, je ne voulus ni flatter un de ses représentans ni lui déplaire. Ainsi, laissant à l'écart la question sur l'expulsion des jésuites de France, que je trouve raisonnable pourvu qu'on ne s'en tienne pas là, je convins avec lui, & je le pense, qu'on avoit traité les particuliers avec trop de dureté. Le bon pere me prévint que depuis la proscription de sa société en France, il ne voyoit plus notre ambassadeur. Je n'en doutois point, & je lui répondis que cela ne m'empêcheroit point d'aller le voir. Nous nous vîmes en effet plusieurs fois chez moi & au college romain. Il m'en détailla le plan d'études aussi bon que dans tout autre college, & qu'il faudroit réformer partout; mais les mauvaises routines continuent de subsister long-temps après qu'on a reconnu l'abus & qu'on se propose de les corriger. Tant a de puissance la force d'inertie.

Pour finir ce qui concerne le P. Forestier, j'ajouterai qu'à mon retour de Naples, il vint me voir le matin du samedi de la Passion, & me dit qu'ayant appris que je partois après les fêtes de Pâques, & lui entrant en retraite ce jour même samedi, il avoit voulu me dire adieu. Nous passâmes une heure ensemble, & nous nous séparâmes fort contens l'un de l'autre.

Le lundi saint, 13 avril, le courier d'Espagne apporta la nouvelle de ce qui venoit de s'y passer à l'égard des jésuites. Cet événement causa, je crois, beaucoup de distraction à ceux de Rome dans leur retraite, s'il ne fit pas même l'unique sujet de leurs méditations. Le pape assembla aussi-tôt son conseil : & sur ce qu'on dit que le roi d'Espagne avoit fait embarquer tous les proscrits, avec ordre de les transporter à Civita-Vecchia, il fut résolu de ne les pas laisser aborder, & en cas de résistance de la part des Espagnols, d'écarter leurs vaisseaux, à coups de canon. Cette résolution fut prise dans l'instant ; car dès le mardi M. d'Aubeterre en fut instruit, & me le confia.

Les jésuites, très-chérs à la cour de

Rome, font pour le pape ce que les troupes de la maifon du roi font en France. Mais dans cette occafion, l'inclination céda à la politique, & le cardinal-miniftre Torregiani, tout protecteur déclaré qu'il eft de la fociété, fe vantoit du parti pris, & fur-tout des canons préparés contre la defcente, comme d'un acte d'homme d'état & de guerre.

Il eft vrai que le pape, déja chargé de la fubfiftance de quinze cents jéfuites portugais, n'auroit pu fournir à la colonie efpagnole trois fois plus nombreufe. On fait ce qui eft arrivé depuis.

Les jéfuites d'Italie n'ont point recueilli dans leurs couvens leurs freres Portugais. Difperfés dans des maifons particulieres que le pape a louées pour eux, ils n'ont point d'office commun. J'en voyois fouvent dans les rues par pelotons, haves, triftes & défœuvrés. Quelques-uns font employés dans des hôpitaux ou des chapelles domeftiques.

A mon retour en France, beaucoup de gens me demanderent quel effet avoit produit fur les habitans de Rome la profcription des jéfuites en Efpagne. Je leur ai dit la vérité en répondant : plus fort qu'à Paris. Les jéfuites ont en effet partout des amis fanatiques, des ennemis forcenés, & la claffe des indifférens ne leur est pas trop favorable. Ces derniers, désirant l'anéantissement des ordres réguliers, & peut-être plus, se flattent de la destruction du corps en voyant tomber la tête. Il y a encore, à l'égard des jésuites, une différence bien sensible entre Rome & Paris. Etablis à la cour de France où ils ont régné long-temps, & où ils pouvoient reprendre leur ancien empire, ils n'avoient point de rivaux parmi les réguliers, & se voyoient des cliens & des protégés dans des classes très-élevées. Leur disgrace n'a donc pas dû avoir à Paris une approbation bien marquée.

Le parlement, auteur ou instrument de leur ruine, en a hautement triomphé. L'université qui recueille leurs dépouilles, le corps des gens de lettres, quoique la plupart de leurs éleves, mais que la société, ne pouvant les asservir, avoit décriés & cherchoit à rendre suspects sur la religion, ont applaudi. Tous les jansénistes de dogmes ou de parti, ceux-ci très-nombreux, & les autres assez rares, ont fait éclater leur joie, sans faire attention que, ne tirant leur existence que du combat contre leurs ennemis, ils vont tomber dans l'oubli. Le peuple, proprement dit, n'a pris aucun intérêt à cet événement.

D'autre part, presque tout le corps

épiscopal a pris parti pour les jésuites, peut-être dans la crainte du retour, car il a souvent fléchi sous eux : peut-être aussi par humeur contre le gouvernement, qu'il soupçonne de vouloir aller plus loin.

Les ordres réguliers ont sans doute été charmés de l'expulsion des jésuites ; mais ils ont eu la décence de renfermer leur joie, qui d'ailleurs est tempérée par la crainte qu'ils ont pour eux-mêmes. A l'égard des provinces, si les opérations du parlement n'avoient pas été confirmées par un édit presque arraché au roi, je doute fort que les autres parlemens, excepté celui de Rouen, eussent suivi l'exemple de Paris. Je ne crains pas d'assurer, & j'ai vu les choses d'assez près, que les jésuites avoient & ont encore sans comparaison plus de partisans que d'adversaires. La Chalotais & Monclar ont seuls donné l'impulsion à leurs compagnies. Il a fallu faire jouer bien des ressorts dans les autres. Généralement parlant, les provinces regrettent les jésuites, & ils y reparaîtroient avec acclamation par des raisons que je développe dans un ouvrage particulier.

Il n'en a pas été à Rome comme à Paris. De quelque considération qu'y jouissent les jésuites, elle est partagée ; ils y ont de forts concurrens, Les dominicains, les franciscains sous des formes variées, tant d'ordres différens forment un peuple, dont on pourroit dire comme Saint Jean, *magnam turban quam numerare nemo poterat*. Toutes ces tribus monacales ont leurs amis & leurs dévots chez les grands & parmi le peuple. Je n'ai vu à Rome que le clergé séculier dans l'abjection, les paroisses désertes & la foule dans les couvens. Tous les moines, sur-tout les dominicains & les franciscains, qui ont fourni plusieurs papes, ce qui n'est pas encore arrivé aux jésuites, quoiqu'ils aient eu des cardinaux, regardent la société comme une colonie étrangere qui est venue mettre la faulx dans leur moisson. Ils sont jaloux de la faveur dont ces hommes nouveaux jouissent à la cour de Rome, & ne les craignent pas assez pour contraindre & dissimuler leurs sentimens. Aussi ont-ils fait éclater, à la nouvelle de la disgrace des jésuites en France & en Espagne, une joie qui alloit jusqu'au scandale. J'en ai été témoin, & je pris la liberté de dire à des moines qu'ils étoient bien aveugles, s'ils ne voyoient pas le nuage s'étendre & s'épaissir sur eux tous. Le premier coup de tonnerre est tombé sur la société, arbre dont la tige perçoit la nue, mais que de moines doivent penser que, si l'on coupe les chênes avec la coignée, on fauche l'herbe!

On peut s'étonner que les jésuites, ayant eu des cardinaux, n'aient jamais eu de papes. J'en crois voir deux raisons. La premiere vient du college des cardinaux, qui aiment mieux être protecteurs de la société, que de se hasarder à n'en devenir que les protégés, & de n'être plus recrutés que par des jésuites sous un pape qui l'auroit été & le seroit encore dans le cœur. On peut m'objecter que cette prévoyance des cardinaux ne suffiroit pas pour exclure du pontificat un cardinal jésuite, si la société étoit bien déterminée à l'y placer. Elle étoit, avant son expulsion d'Espagne & de Portugal, assez puissante en richesses, pour acheter les voix des cardinaux qui ne sont pas encore assez en crédit pour prétendre à la tiare. Ma réponse à cette objection est ma seconde raison contre l'élévation d'un jésuite. Je suis persuadé que la société elle-même ne le voudroit pas. Personne ne connoît mieux qu'elle le secret de son régime; & ce secret n'est pas ignoré de tout le monde. Le pape n'est pas l'objet principal, le point central de l'affection des jésuites. Il n'est, comme les autres princes catholiques, auxquels ils paroissent le plus attachés, que l'instrument, le moyen de gouverner sous un voile l'église & les états, ou d'influer dans le gouvernement, quand ils ne peuvent totalement s'en emparer. La société, en portant un jésuite sur le trône pontifical, ne serviroit que l'ambition d'un seul, & peut-être par-là y sacrifieroit le corps. Il seroit à craindre que le pontife ne cessât d'être jésuite, ne voulût régner seul, & pour n'être jamais contrarié ni gêné par ses anciens confreres, ne les détruisît. Si l'Aga des janissaires, après avoir précipité un sultan du trône, parvenoit à s'y placer, il pourroit bien casser la milice qui l'auroit élevé. Cromwell anéantit le parlement dont il s'étoit si utilement servi, & Pierre premier abaissa le clergé à qui son aïeul devoit la couronne. Il pourra bien être question des jésuites sous le prochain pontificat, & ils sont dans une position critique. Il y a déja du temps qu'ils voient décroître une branche de leur crédit à Rome, par l'établissement des *écoles pies*, qui leur disputent avec avantage l'éducation de la jeunesse.

Dès mon arrivée à Rome, je suivis le plan que je m'étois fait, c'est-à-dire, que je sortois le matin en frac pour me promener dans les ruines. Les débris des monumens qui, dans cet état de destruction, sont encore les témoins de la grandeur romaine, jettent l'ame dans une sorte de mélancolie qui n'est pas la tristesse; font naître des réflexions sur le sort des empires; ramenent l'homme à lui-même, & l'avertissent de jouir. A chaque pas Tite-Live, Salluste, Tacite, Horace, revenoient à ma mémoire. Je repassois mes auteurs sans livres. Tout me rappelloit les faits que j'avois lus. Les ruines immenses de palais d'empereurs, de monumens élevés sous des regnes assez courts, me prouvoient combien il doit se trouver de malheureux dans un grand état, pour fournir à la magnificence des princes & au luxe de leur capitale.

Deux ou trois courses avec un *Cicéroné*, me firent connoître que ces indicateurs sont d'un foible secours pour un homme un peu instruit. La plupart ne sont guere supérieurs aux valets de nos hôtels garnis, qui promenent à Paris les étrangers. Tout est, à leurs yeux, d'une égale importance; & pour quelques endroits dignes de curiosité qu'ils vous indiquent, ils vous fatiguent de cent autres qui ne méritent pas la moindre attention, ni chez vous, ni ailleurs. Je m'en rapportai bientôt à moi-même. Une visite que je fis à l'accadémie de France me fut assez utile. Après avoir commencé par le directeur, j'allai tout de suite voir dans leurs chambres, tous les éleves qui sont logés dans le même palais. Sensibles à cette politesse, ces jeunes gens s'empressent de vous prévenir de ce qu'il y a de curieux, & de vous y accompagner. J'usai quelquefois de leurs offres; mais je n'en abusai pas; & avec leurs instructions mon cocher suffisoit pour m'y conduire. D'ailleurs, les étrangers connus, françois, anglais & autres sont bientôt assez liés pour aller ensemble satisfaire leur curiosité. Ceux qui ont déja parcouru Rome & les environs veulent revoir, & se font un plaisir d'instruire les nouveaux arrivés. J'ai rendu plusieurs fois à cet égard le même service que j'avois reçu d'abord.

Le temps fut très-favorable à mes courses du matin, pendant le mois de janvier; le ciel fut presque toujours sans le moindre nuage. Les premieres heures de la matinée étoient cependant assez froides pour qu'en sortant je visse de la glace; mais vers midi il n'en existoit plus, & l'on éprouvoit au soleil une chaleur assez vive. C'est pourquoi voulant monter dans la boule du dôme de Saint-Pierre, nous y allâmes au nombre de douze avant neuf heures. Comme elle est de bronze, je suis persuadé qu'étant échauffée par le soleil à midi, même en hyver, la place ne seroit pas tenable, & qu'on s'y trouveroit dans une tourtiere. Des voyageurs prétendent y être entrés au nombre de vingt-deux : j'en doute, à moins qu'ils n'y fussent entassés comme dans un bûcher, ou que la moitié de la compagnie ne fût montée sur les barres de fer qui la traversent en croix. Au surplus, on peut aisément & sans aller à Rome, estimer ce que peut contenir d'hommes qui veulent respirer, un globe de huit pieds de diamêtre..

Puisque je suis dans Saint-Pierre, dont la description se peut lire dans beaucoup de voyageurs, que je ne veux ni copier ni répéter, je me contente d'y renvoyer; je me bornerai à une réflexion, sur la différence du caractere des papes à celui des autres souverains. Chez nous, par exemple, un roi bâtit un palais; son successeur n'en est pas content, & en construit un autre qu'un troisieme prince abandonne encore. Si le changement ne se faisoit que par le développement du génie d'un siecle & le perfectionnement des arts, à la bonne heure; mais c'est souvent par pure inconstance, & le peuple en paie toujours les frais. Nous avons vu dépenser en bâtimens autant & plus que Louis XIV, & qu'a-t-on fait ?

Il n'en a pas été ainsi à Rome. S'est-on proposé la construction d'un édifice, le plan en est médité, digéré & arrêté, les changemens qui s'y peuvent faire ensuite, ne tendent qu'à le perfectionner, sans détruire. Un pape commence & ses successeurs continuent. L'église de Saint-Pierre est l'ouvrage de trente papes. C'est aussi le plus grand & le plus beau qu'il y ait peut-être jamais eu; car je doute fort que l'antiquité ait rien produit d'égal. L'idée que m'en avoient donnée les relations, ne fut point affoiblie par la réalité. Je ne suis guere admirateur sur paroles; j'ai eu tant de fois à rabatre des exclamations des voyageurs, qu'elles me sont toujours suspectes.

A l'égard de Saint-Piere, le premier sentiment que la place, la colonnade, l'obélisque, les deux gerbes d'eau & le temple excitent dans l'ame, est celui de l'admiration que l'examen ne détruit point. Il n'y a rien encore, dans quelque état que ce soit, à opposer aux magnifiques fontaines qu'on voit à Rome, dans les places & les carrefours, ni à l'abondance des eaux qui ne cessent jamais de couler; magnificence d'autant plus louable que l'utilité publique y est jointe. Ces ouvrages prouvent que les papes qui en sont les auteurs, ont eu d'aussi grandes idées dans un état borné, que les Romains dans la splendeur de leur empire. Les fontaines sont si multipliées dans Rome, qu'il n'y a point de particulier qui ne soit près de quelqu'une, & beaucoup en ont dans leurs maisons : tandis que dans Paris, où chacun est consumé par le luxe, on est réduit à puiser l'eau dans une riviere qui est l'égout général de la ville, & qu'il y a des quartiers qui en sont à une demi-lieue. L'eau est communément mauvaise dans la plupart des autres lieux de l'Italie.

Les travaux pour la décoration de la ville & l'avantage des citoyens, entrepris par les papes, ont été suivis avec persévérance, & sans cette précipitation de la plupart des souverains qui, concentrant tout l'état en eux seuls, surchargent leurs sujets d'impôts pour satisfaire la fantaisie du moment.

En général, l'administration économique des papes est modérée ; mais le gouvernement est trop léthargique, & ne peut guere être autrement. Chaque pontificat n'est guere évalué qu'à sept ans, en formant une durée moyenne d'une suite de papes. Il n'est guere possible qu'un vieillard s'occupe des vices qui peuvent se trouver dans l'administration, se flatte d'avoir le temps de les corriger

& d'affermir la réforme, ou même ait, à un âge avancé, le courage nécessaire pour une telle entreprise. Il songe à jouir. Il est communément gouverné par des neveux, qui, sachant qu'ils ne lui succéderont pas, du moins immédiatement, n'ont garde de lui inspirer des idées de réforme. Elles ne feroient que leur aliéner les plus puissans de la cour, qui sont toujours ceux qui profitent des abus. I's prennent donc le parti d'en profiter eux-mêmes.

Il est peu d'hommes qui, nés dans la poussiere, comme Sixte V, soient pourtant nés pour régner. Cela est même rare parmi ceux qui naissent sur le trône. Sixte V fut un de ces prodiges; & il seroit à désirer pour l'état ecclésiastique, d'avoir une suite de papes de ce caractere, & capables d'en réformer le gouvernement qui est aujourd'hui un des plus mauvais de l'Europe. Je ne parle pas des vices qui naissent de la constitution même de cette monarchie singuliere, & tiennent à des avantages dont ils sont inséparables. Par exemple, dans un état dont le souverain est un vieillard électif & absolu, mais qui ne peut choisir ni indiquer son successeur, il est impossible de réunir toutes les volontés en une seule, de confondre les intérêts particuliers dans l'intérêt commun, ou de les en faire naître. L'esprit de la nouvelle Rome est diamétralement opposé à celui de l'ancienne. Dans celle-ci chaque point de la circonférence tendoit au centre : le patriotisme étoit la passion dominante des citoyens. Dans la nouvelle, tout ce qui a le moindre intérêt de s'en éloigner, s'en écarte. On se tient isolé, ou l'on ne s'unit que pour former des factions contraires, excepté dans les prétentions de la cour de Rome sur les autres états catholiques. C'est dans ce seul point un même esprit qui l'anime. Il faudra pourtant bien qu'elle y renonce un jour, si elle veut conserver quelques droits.

Tels sont les inconvéniens qui tiennent à la constitution fondamentale de la monarchie papale, & qu'on ne pourroit changer sans la détruire, parce qu'elle a aussi ses avantages.

Mais combien y a-t-il dans l'administration économique & politique d'abus & de vices particuliers, qu'un pape éclairé & ferme pourroit réformer, & qui disparoîtroient, si le conclave lui donnoit quelques successeurs qui eussent les mêmes qualités ? Que ne feroient-ils pas pour la culture des terres, effet & principes de la population, d'où renaîtroit la salubrité de l'air; pour la réformation de la justice civile & criminelle ; pour la suppression de ces asyles si scandaleux ; pour celle même de tant de pratiques d'une superstition absurde, plus contraire à la religion que favorable à la cour de Rome, qui tireroit alors sa dignité de la pompe des cérémonies, si puissante sur l'esprit des peuples, & encore plus de l'ordre & des mœurs ? Rome cesseroit par-là d'être l'objet de la dérision des protestans & du scandale des catholiques raisonnables. Elle auroit grand besoin d'une régénération. Les lettres, les sciences & les arts, à l'exception de la musique, y dépérissent. S'il paroît en France, en Angleterre ou ailleurs, un ouvrage généralement estimé, il n'en passe pas quatre exemplaires à Rome. Quelques amateurs avoient engagé un libraire étranger à s'y transporter avec un assortiment de choix. Il a été obligé de s'en retirer, après y avoir perdu la moitié de ses fonds. L'académie des arcades, avec son déluge de sonnets, n'est par son titre qu'une parodie des vraies sociétés savantes. Ce n'est que par complaisance que des étrangers consentent à s'y laisser inscrire. On ne voit sur les théâtres, excepté à l'opéra, que des farces de foire. Si les premiers rayons qui ont éclairé l'Europe sont partis de l'Italie, ils ont porté ailleurs plus de chaleurs qu'il n'en reste aujourd'hui au centre, quoiqu'il s'y trouve toujours des hommes d'un mérite distingué, & qui le seroient par-tout.

Par un contraste assez singulier, les habitans de Rome, car je ne puis les appeller des Romains, ont, comme les anciens, l'ambition de transmettre leurs noms à la postérité. Celui qui récrépit un mur de couvent, reblanchit une chapelle, n'oublie pas de l'annoncer par une inscription aux races futures ; il brise en même-temps les plus beaux monumens, pour en employer les matériaux aux plus vils usages ; il voit l'escalier des récolets d'Aracœli & l'église de St. Paul pavés d'inscriptions en marbre enlevées des tombeaux des empereurs, & croit, au milieu de tout ce qui atteste l'oubli où tombent les plus grands hommes, perpétuer sa petite existence. Les Barberins & les Farnezes ont arraché du colisée les pierres de leurs palais. On a sacrifié à un luxe privé la magnificence publique de Rome, dont l'utilité est pourtant très-réelle ; car il ne faut pas que les habitans de cette ville s'imaginent que les étrangers y portassent tant d'argent, si l'église de St. Pierre n'existoit pas, & sur-tout si les restes de la magnificence romaine étoient absolument ensevelis sous l'herbe. Il est très-important que ces débris subsistent, & soient, sinon rétablis, du moins conservés & entretenus. Le nom des papes qui ont détruit ou permis de détruire d'anciens monumens, tels que le colisée & autres, devroit être proscrit dans Rome. Sixte V en connoissoit l'importance : il en rétablit plusieurs ; il en éleva lui-même, tels que le dôme de St. Pierre, l'obélisque, & les deux fontaines de la place d'où partent deux gerbes d'eau. On lui doit l'aqueduc qui porte dans Rome cet immense volume d'eau, qu'on appelle de son nom l'*aqua felice*. Toutes ces dépenses, en donnant de l'activité à l'industrie & aux arts, ne l'ont pas empêché de laisser un trésor prodigieux pour ces temps-là, & qui depuis a fait plus d'une fois le salut de Rome. Ce n'est pas que je loue cette opération, j'en dirai ailleurs les raisons. On est étonné de ce que Sixte V a pu faire en cinq ans de pontificat, & toujours à l'avantage de Rome. Mais ce qui lui fait le plus d'honneur, comme pape & comme prince, c'est d'avoir exterminé une race d'assassins & de brigands qui infestoient l'Italie, & formoient une espece de profession qui avoit ses loix. On faisoit alors assassiner ou mutiler un ennemi, suivant les conventions, comme on tire une lettre de change. On rapporte qu'un homme à qui un de ces fcélerats venoit de couper le vifage, lui repréfentoit l'injuftice de maltraiter quelqu'un dont il n'avoit jamais eu fujet de fe plaindre. L'affaffin allégua l'argent qu'il avoit reçu & la parole d'honneur qu'il avoit donnée de s'acquitter de fa commiffion. Le balafré offrit à l'inftant pareille fomme à ce commiffionnaire fi exact, s'il vouloit en ufer ainfi à l'égard de fon commettant. Le marché fut accepté; & l'exécuteur s'acquitta de la feconde commiffion avec autant de fcrupule que de la premiere.

Sixte V purgea l'état eccléfiaftique de cette branche de commerce, & n'épargna pas les exécutions. Les brigands qui échapperent au fupplice par la fuite, les vagabonds & gens fans aveu refluerent chez les princes voifins. Ceux-ci s'en étant plaints, Sixte, pour toute excufe, leur fit dire qu'ils n'avoient qu'à l'imiter, ou lui céder leurs états.

Si je me fuis un peu arrêté fur ce pape, c'eft que l'état actuel de Rome m'en a fouvent rappellé l'idée. On l'a mal à propos taxé de cruauté, je le trouve un prince très-humain. Il affuroit la tranquillité de fes fujets en épouvantant le crime; & je maintiens qu'il y a eu moins d'exécution fous fon régne, qu'il n'y avoit auparavant de meurtres dans un mois. J'aurai encore occasion d'en parler au sujet des lieux de monts.

Quoiqu'il en soit, Rome auroit aujourd'hui plus de besoin d'un prince tel que Sixte V, que d'un saint : or le pape actuel Clément XIII est un saint & non pas un prince ; & son ministre le cardinal Torrigiani, n'est ni l'un ni l'autre.

Il me semble qu'on n'a pas généralement une idée assez exacte de ce pape ni de son ministre. Voici ce que j'en pense, d'après les conversations que j'ai eues avec les ministres, cardinaux & autres qui ont souvent conféré avec le pape & traité d'affaires avec Torrigiani. L'audience que le premier m'a donnée, & ce que j'ai vu du second, que j'ai rencontré dans quelques sociétés, tout m'a paru s'accorder avec ce qu'on m'en avoit dit.

Clément XIII Rezzonico, est de la plus haute piété. Il a toujours eu des mœurs pures, beaucoup de candeur & de douceur dans le caractere, le cœur & l'esprit droit ; peut-être ne lui a-t-il manqué, pour avoir plus d'étendue dans l'esprit, que de l'avoir appliqué aux affaires, & d'avoir osé prévoir qu'il monteroit un jour sur le trône. Son élection fut un coup fourré, un tour de conclave auquel il n'eut aucune part, & dont plusieurs cardinaux furent les dupes. Quoiqu'il eût le nombre de voix nécessaire pour son élection, il lui manqua celles d'une douzaine de cardinaux, qui lui auroient donné la leur, s'ils eussent soupçonné qu'il eût pu s'en passer sans en être moins élu. Pour entendre ceci, il faut savoir, qu'après le jeu des batteries & contre-batteries que les différentes factions emploient les unes contre les autres; quand toutes les intrigues, les finesses italiennes sont épuisées & déconcertées, les partis assez forts pour combattre & trop foibles pour vaincre, font la paix de guerre lasse : l'ennui, les chaleurs & les punaises, car le Saint-Esprit se sert de tout, suffiroient pour chasser les cardinaux du conclave. Ils se réunissent alors sur un sujet dont le premier mérite, du moins à leurs yeux, est de leur être indifférent; c'est assez qu'il ne soit pas l'ouvrage d'une faction contraire. Ainsi se justifie le proverbe : *Qui entre pape au conclave en sort cardinal.* Comme on y prévoit l'élection dès la veille, les opposans, s'il s'en trouve, craignant de s'aliéner, par une résistance inutile, celui qui va devenir leur maître, s'empressent de lui donner leurs suffrages, & veulent paroître n'avoir desiré que lui. Il a donc ordinairement l'unanimité des voix.

Dans le conclave où fut élu Bénoît

XIV Lambertini, & qui dura plus de cinq mois, les cardinaux, après avoir balloté quelques fujets, fe partagerent en deux factions; celle qui portoit Aldrovandi, lui donna conftamment trente-trois voix chaque jour pendant deux mois, fans pouvoir lui en procurer une trente-quatrieme qui auroit affuré l'élection. Le cardinal Anibal, Albani, chef de la faction contraire, feignit de fe laiffer gagner pour Aldrovandi, qui eut l'imprudence d'en marquer fa reconnoiffance dans un billet dont Albani fe prévalut pour accufer Aldrovandi d'ufer d'intrigue. Celui-ci voyant quelques-uns de fes partifans près de fe détacher de lui, les tourna tous vers Lambertini, pour enlever du moins à Albani, dont la faction, laffe du conclave, accéda à Lambertini, à qui perfonne n'avoit d'abord penfé, & qui eut l'unanimité. Je fuis perfuadé que la même chofe arrivera communément.

Il n'en fut pas ainfi de l'élection de Rezzonico. Le cardinal Spinelli qui avoit un parti très-fort, ayant fu qu'il auroit l'exclufion de la part de l'Efpagne, & Cavalchini celle de la France, fans que celui-ci s'en doutât, il réfolut d'élever au pontificat quelqu'un qui, lui en ayant obligation, lui donnât part au gouvernement. En conféquence, il confia la moitié du secret à Cavalchini, c'est-à-dire, le projet d'exclusion de l'Espagne, sans parler de la France, & lui offrit de le faire pape, en joignant un parti à l'autre. Cavalchini, déja fort par lui-même, crut son élection sûre; mais la France l'ayant fait exclure, Spinelli joua l'affligé, & lui proposa de se réunir en faveur de Rezzonico, peu agréable à Sciarra Colone, partisan de la France. Cavalchini piqué, & croyant avoir reçu de Spinelli un service désintéressé, dont la France seule avoit empêché l'effet, accepta la proposition, & Rezzonico fut élu. L'affaire fut si brusquement conclue, que plusieurs cardinaux n'eurent pas le temps d'être instruits de ce qui se passoit, & de se faire le mérite d'y concourir. Peut-être aussi le secret lui procura ou lui conserva-t-il des voix qu'il n'auroit pas eues, & il n'en eut que le nombre suffisant. Passionei qui ne lui avoit pas donné la sienne, ne voulant pas être soupçonné de timidité, ni passer pour dupe, dit hautement qu'il l'avoit refusée à Rezzonico, parce qu'il le croyoit incapable de gouverner l'église. Il a souvent répété ce propos dans l'affaire de Portugal. Quand on lui objectoit la pureté d'ame de Clément XIII; J. C., disoit Passionei, rendoit le même témoignage à Nathanaël:

bonus

bonus Israëlita, &c., mais il n'en fit pas un apôtre. Les cardinaux auroient dû suivre le conseil qu'un anonyme leur donnoit en affichant à la porte du conclave : *si doctus, doceat nos ; si sanctus, oret pro nobis ; si prudens, gubernet nos.*

Je ne parle des deux derniers conclaves, que pour donner une idée de ce qui se passe dans tous les autres.

Clément XIII n'ayant pas les qualités propres au gouvernement, ne s'est pas, comme tant d'autres, imaginé les avoir ; & ce n'est pas un mérite commun que de savoir se juger. Uniquement occupé de son salut, il abandonna toutes les affaires à son ministre. Mais il n'a pas été heureux dans le choix qu'il a fait du cardinal Torrigiani. Ce ministre est honnête homme, grand travailleur, entendant bien affaire quant au positif des loix, mais incapable d'en connoître l'esprit, d'y faire fléchir la lettre, ou de réformer ce qu'elles peuvent avoir de vicieux. Plus opiniâtre que ferme, la contradiction l'affermit dans un sentiment qu'on lui feroit abandonner en le flattant. C'est un grand défaut dans un homme d'état que de manquer de flexibilité, & de ne pouvoir être ramené que par la voix de la séduction. Rustre, & même grossier, il ignore que l'ancienne audace ecclésiastique n'est plus de saison. N'étant jamais sorti du vatican ou du quirinal, il croit fermement que le pouvoir des clefs est le même que du temps de l'empereur Henri IV ; & ne se reprochant rien, il ne suppose pas qu'on ait aucun reproche à lui faire. Quand il ne peut disconvenir des pertes que la cour de Rome fait journellement de son autorité dans l'Europe catholique, il les regarde comme des nuages passagers, & répond : nous avons la parole de Jesus-Christ ; l'église est inébranlable. Il ne soupçonne pas qu'il y ait de la différence entre l'église & la cour de Rome. Il a perdu les jésuites par son opiniâtreté. Les jansénistes & les parlemens lui devroient un temple, avec l'inscription : *Deo ignaro*.

Le 16 janvier 1762, le duc de Praslin, alors ministre des affaires étrangeres, écrivit de la part du roi au cardinal de Rochechouart, ambassadeur de France à Rome, (j'ai lu la lettre) de mander chez lui le P. Ricci, général des jésuites, & de lui proposer de nommer en France un vicaire-général François, qui seroit changé tous les trois ans, ou ne pourroit être continué que pendant trois autres années au plus ; au moyen de quoi les jésuites seroient conservés. Le roi fait marquer dans cette lettre, sur-tout dans trois endroits, son goût pour eux & le desir de les garder. Le cardinal avoit ordre de lui parler suivant l'esprit de la lettre, sans la montrer, & d'exiger une réponse précise & prompte, laquelle devoit arriver avant le 9 février, jour fixé par le parlement pour terminer l'affaire. Il faut que le cardinal ait fait séchement sa commission, sans quoi il seroit inconcevable que le P. Ricci eût refusé l'offre du roi. Je suis persuadé que s'il eût vu la lettre, il auroit accepté avec reconnoissance. Il voulut, avant de se déterminer, consulter le ministre de Clément XIII, le cardinal Torrigiani, qui répondit, comme on sait : *Sint ut sunt, vel non sint.* Ce fut l'arrêt de mort des jésuites.

Torrigiani ne connoît pas l'état qu'il gouverne, puisqu'il ne connoît pas les états avec lesquels il est obligé de négocier. Quand les événemens contrarient ses vues & ses mesures, il dit qu'il renonceroit au ministere, si la Providence qui l'y a placé ne lui déclaroit, par cela seul, qu'elle veut qu'il y reste. Il a cette folie-là de commune avec l'archevêque de Paris, Beaumont, supposé que leur folie soit bien purgée d'intérêt ; j'en doute fort.

La cour de Rome eſt ſur le point de perdre le Portugal : Carvalho, comte d'Oyras, vient de faire paroître un ouvrage terrible en faveur des évêques contre le pape, & a fait en conſéquence donner pour des mariages entre parens, des diſpenſes qu'on alloit auparavant demander à Rome. Cependant on y craint encore plus les écrivains François, que la révolte ouverte du Portugal, & l'on n'a pas tort. L'affaire de Portugal tient uniquement au miniſtre ; la ſuperſtition n'y a rien perdu de ſa force ſur l'eſprit de la nation ; au-lieu que le François, avec ſes incommodes libertés, ſans ſe détacher de la communion romaine, eſt plus à craindre que des hérétiques déclarés. Le pouvoir ſpirituel de Rome tombe, depuis quarante ans, avec l'accélération des corps graves dans leur chûte : quelques prélats en ſont convenus avec moi. Dans une converſation libre que nous eûmes, le cardinal Piccolomini & moi, j'allai juſqu'à lui dire, que ſi je n'avois que dix-huit ans, je verrois la révolution de Rome, & il ne me contredit pas.

Ce gouvernement pourroit encore ſe relever & s'affermir pour long-temps, s'il avoit la ſageſſe de renoncer à ſes prétentions chimériques. Il conſerveroit des droits ou prérogatives honorables que les princes catholiques refpecteroient. Sans quoi, ces princes s'affranchiront bientôt d'eux-mêmes, & la profcription des chimeres entraînera les attributions utiles.

Ce n'eft pas que je penfaffe que la féparation de la France d'avec Rome fût avantageufe au roi. Un patriarche pourroit avoir de grands inconvéniens, & s'il faut un centre d'unité, il vaut mieux l'avoir à trois cents lieues que chez foi. Le roi dans bien des occafions où il ne veut pas ufer de fon autorité, peut faire réprimer par le pape des évêques fanatiques ou brouillons. Quant à l'idée de fe conftituer chef de fon églife, cela ne feroit guere praticable à un prince catholique. Il y trouveroit de grands obftacles, par des raifons qui, pour être développées, exigeroient un traité en forme.

La cour de Rome ne fauroit aujourd'hui fe conduire avec trop de prudence. Elle voit par-tout qu'on lui fait perdre, par degrés, fes ufurpations. Les moines, fa plus chere milice, auxquels on n'auroit pas ofé toucher autrefois fans encourir les cenfures, reçoivent par-tout des entraves, & finiront, fi on en laiffe fubfifter, par être foumis à l'ordinaire, comme ils l'étoient dans leur inftitution. Il fe trouve des moines, même en Italie, hors des états du pape, qui préferent à ses ordres ceux de leur souverain.

En 1766, le grand duc proposa aux minimes & aux augustins de lui prêter à intérêt, jusqu'au remboursement, le superflu de leur argenterie, pour relever une maison de charité. Les moines l'ayant accepté, la cour de Rome trouva fort mauvais que cela se fût fait sans son attache, exigea que les deux supérieurs en demandassent du moins l'absolution. Le minime voulut bien s'y soumettre & la reçut. L'augustin l'a refusa, soutenant qu'il n'en avoit pas besoin pour avoir concouru avec son souverain à un arrangement raisonnable. La cour de Rome a été réduite à faire passer cette absolution par le général des augustins résidant à Rome, lequel l'a envoyée au moine, qui ne l'a reçue que par respect pour son supérieur.

Peu de temps auparavant, l'empereur avoit fait justice, en Toscane, de l'évêque de Pienza. Ce fanatique jettoit à tort & à travers les excommunications comme les bénédictions. L'empereur, après l'avoir fait plusieurs fois & inutilement avertir d'être sage, le fit enlever & conduire par des grenadiers à Aquapendente, premiere ville de l'état ecclésiastique du côté de la Toscane. Dès qu'il fut sur la montagne, où les grenadiers prirent congé de lui, se retournant vers la Toscane, il excommunia tout le duché & nommément l'empereur & les grenadiers, qui en firent peu de cas. Arrivé à Rome, il fallut le dédommager du revenu de son évêché, & la chambre apostolique n'ayant pas beaucoup de fonds pour des dépenses extraordinaires & imprévues, on a eu recours à une économie assez singuliere. Le général des troupes du pape venoit de mourir & n'étoit pas encore remplacé. On a laissé la place vacante; & les appointemens en ont été donnés à l'évêque, qui en jouissoit lorsque j'étois à Rome. Il est vrai que les papes ont fait plus de conquêtes avec des prêtres & des généraux de moines qu'avec des soldats ; mais il ne paroît pas qu'ils puissent aujourd'hui en faire de façon ni d'autre.

La cour de Rome vient d'échouer dans une entreprise qu'elle vouloit faire sur Gênes. La république présente au pape trois sujets pour un évêché. Le pape se hasarda d'en nommer un, non présenté, pour l'évêché de Vintimille, & le prenant parmi les nobles, se flattoit par-là de le faire accepter par le sénat. L'évêque nommé ayant accepté, le sénat le fit mettre en prison; & quoiqu'il y fût bien traité, il y est mort au bout d'un an. Le pape en a nommé un second qui, ne voulant ni mourir ni vivre en prison, a sagement refusé, & l'évêché est encore vacant.

On voit qu'indépendamment des pertes que fait la cour de Rome, par la révolution arrivée dans les esprits, elle s'attire encore des désagrémens par ses imprudences; & malgré toute sa politique, les besoins qu'elle éprouve lui font faire de mauvais marchés. Si celui que Benoît XIV fit en 1753, ne fut pas forcé, ce fut une faute très-grande.

Par un concordat, le roi d'Espagne, moyennant un million cent trente-trois mille, trois cent trente-trois écus romains, qui font cinq millions six cent soixante six mille six cent soixante-six livres de France, une fois payés, nomme aux bénéfices de son royaume & en expédie les bulles, sans que le pape puisse mettre des pensions sur aucun de ces bénéfices. Il ne s'en est réservé que cinquante-deux qu'il nomme comme autrefois, & dont il expédie les bulles, & le roi d'Espagne donne aux nonces apostoliques à sa cour, cinq mille écus romains par an, sur le produit de la bulle de la croisade, espece d'indult, par lequel le roi leve une certaine somme sur le clergé, pour les prétendus frais d'une guerre fictive contre les Turcs.

Rome a perdu, par cet arrangement, près de huit mille Espagnols solliciteurs de graces qui faisoient leur cour au pape, portoient de l'argent chez lui, & lui procuroient chez eux une très-grande considération. Rien n'ajoute si fort à celle d'un prince chez les étrangers, que d'y en entendre souvent parler. Benoît XIV étoit savant, avoit l'esprit aimable, l'imagination vive & gaie, les propos libres & des mœurs pures ; affable, tolérant, populaire, l'homme enfin le plus fait pour la société ; mais s'il prétendit, comme les autres papes, à l'infaillibilité, ce ne devoit pas être en politique.

A propos d'infaillibilité, il est assez singulier qu'un pape annulle, par un décret, ce que son infaillible prédécesseur avoit statué. On peut se rappeller la lettre encyclique de Benoît XIV aux évêques de France, pour y établir la paix sur la constitution. A peine fut-il mort, que Giacomelli, le fanatique agent des fanatiques constitutionnaires, & secretaire des brefs aux princes, c'est-à-dire, des brefs qui ne partent pas de la daterie, voulut engager Clément XIII à donner de cette

D v

lettre une interprétation qui l'auroit exactement anéantie, & auroit produit un schisme qui pouvoit aller jusqu'à la séparation de la France d'avec Rome. M. d'Aubeterre para le coup par le moyen du cardinal Galli, grand pénitencier, le plus vertueux, le plus instruit, le plus éclairé des cardinaux; & le contre-poison de Giacomelli. Sur ce qu'on représentoit à celui-ci, qu'il se hasardoit à mettre le feu en France; je le voudrois, dit-il, aux quatre coins du royaume. Et peut-être avons-nous en France des brulots qui pensent comme lui. Je tiens de plusieurs prélats romains, & je sais que le pape pense comme eux, que si quelques évêques François ne souffloient pas le feu à Rome, on y seroit fort tranquille sur la constitution.

Lorsque Clément XIII étoit prêt à faire sa promotion de 1766, Torrigiani & les cardinaux de son parti, amis des jésuites & ennemis des parlemens, furent accablés de lettres des évêques François qui pensent comme eux, pour engager le pape à comprendre dans sa promotion & nommer *proprio motu* l'archevêque de Paris, Beaumont. Il sembloit que le sort de l'église & de la religion en dépendoit. J'ai lu, entre autres, une lettre de l'évêque de Sarlat (Montesquiou) qui avoit été interceptée. Cette lettre, de juin 1766, est un plaidoyer en forme, pour prouver au pape la nécessité de donner le chapeau à l'archevêque, & de le mettre par-là à l'abri de toute poursuite du parlement. Il faut être bien impudent ou bien ignorant de nos principes, pour en avancer de si faux. Le parlement l'auroit détrompé, pourvu que le roi l'eût laissé agir. Dans un temps où Rome étoit autrement respectée qu'aujourd'hui, le chapeau n'empêcha pas le cardinal Balue d'être enfermé dans une cage de fer.

Les modèles de la plupart de ces lettres étoient dressés à Rome, par Giacomelli & l'abbé de Caveirac. Les évêques ne faisoient que les transcrire. Cependant toutes les batteries n'eurent aucun succès, & l'archevêque ne fut point cardinal. Ses partisans ont prétendu que le pape l'auroit nommé, s'il n'avoit craint de se compromettre en proposant au roi un sujet qui n'en auroit pas été agréé. J'ai au contraire tout lieu de penser que le pape, pour céder à la persécution des *zelanti* de l'archevêque, & s'en faire un mérite auprès d'eux, l'auroit proposé au roi, s'il eût été sûr du refus de sa majesté.

Les papes sont flattés sans doute de voir le sujet distingué d'un souverain devenir le leur, & s'attacher trop souvent à son prince adoptif plus qu'à celui que fa naiſſance lui avoit donné. Mais il fuffit à la cour de Rome d'avoir dans chaque état puiſſant un ou deux fujets décorés du chapeau, & d'en montrer de loin la perſpective à tous les autres. Elle ne veut pas que dans un conclave, la faction des couronnes puiſſe l'emporter fur l'italienne. Les papes ont d'ailleurs, dans leurs propres états, aſſez de maifons illuſtres à s'attacher pour ne pas donner le chapeau à des étrangers, fans y être contraints par un intérêt fenfible.

Je ne connois que deux chapeaux en France donnés *proprio motu*, depuis plus d'un fiecle ; l'un au cardinal de Mailly, & l'autre au cardinal de Bernis. Le premier fut la récompenfe du fanatifme de Mailly pour la conſtitution ; le fecond fut un acte de reconnoiſſance de Benoît XIV à l'égard de l'abbé de Bernis, qui avoit réconcilié la cour de Rome & la république de Venife. Je parle de ces deux faits dans mes mémoires fur le regne préfent.

Quand le roi voulut procurer le chapeau au cardinal Fleury, il fut obligé de confentir que fon droit feroit regardé comme employé lors de la nomination des couronnes, qui fe fit un an après, & à laquelle la France n'eut point de part.

Il y avoit déja eu des exemples de promotion anticipées ; celle du cardinal de Bouillon en 1669, & une autre plus récente en 1715, du cardinal de Biffi, fous Louis XIV. C'eft pourquoi, fous Louis XV, la France ne prétendit point participer à la promotion des couronnes de 1719. Puifque je me fuis arrêté fur les promotions des cardinaux, j'ajouterai quelques articles qu'on ne trouve dans aucun voyageur, & que je ne crois pas imprimés ailleurs.

On décida au concile de Conftance que les cardinaux feroient choifis dans toutes les nations chrétiennes. Les papes nommerent cependant plus d'Italiens que d'étrangers, & en ayant pris parmi ceux-ci quelques-uns qui ne convenoient pas à leurs fouverains, il fut réglé, vers 1600, que les princes préfenteroient eux-mêmes leurs fujets. Lors de ce réglement, l'Angleterre n'étant plus catholique, & le Portugal étant foumis à l'Efpagne, le droit de nomination fe bornoit prefque à l'empereur, à la France & à l'Efpagne. Les rois de Pologne voulurent cependant participer aux promotions. Le pape prétendoit que n'étant qu'électifs, ils n'avoient pas les mêmes droits que des rois héréditaires. Une autre difficulté le touchoit encore plus ; c'eft que les évêques polonois ne veulent pas céder comme ailleurs aux cardinaux. Les rois de Pologne, pour établir un droit de nomination, présenterent d'abord des nonces qui avoient résidé auprès d'eux. Ils en ont depuis nommé d'étrangers, autres que des nonces, & plusieurs François leur ont dû & leur doivent encore le chapeau. La cour de Rome vouloit du moins les borner à une seule nomination pendant leur regne; mais il faut désormais que les papes comptent avec les rois.

La république de Venise ayant le traitement des têtes couronnées, le pape, de concert avec l'ambassadeur, comprend un Vénitien dans la promotion des couronnes.

Depuis que le Portugal a secoué le joug de l'Espagne, ses rois ont leur droit de nomination. Tous les rois de la communion romaine ont le même droit.

Pendant la guerre de la succession, Clément XI ayant été forcé de reconnoître l'empereur pour roi d'Espagne, ce prince le força encore, à ce titre, de comprendre dans la promotion des couronnes le jésuite espagnol Cinfuegos, indépendamment du cardinal qu'il avoit nommé comme empereur.

Le pape, ayant reconnu Jacques III comme roi d'Angleterre, lui accorda, dans la promotion de 1712, la nomination d'un chapeau, qui fut celui du cardinal de Polignac, dans le temps qu'il signoit le traité par lequel Jacques III étoit exclus à perpétuité du trône d'Angleterre. Depuis cette premiere nomination, Jacques que nous ne nommions plus que le prétendant, a joui de ce droit pendant toute sa vie à chaque promotion des couronnes, & l'a toujours appliqué à des François, dont chacun lui a fait une gratification de cent mille écus qui étoient censés être pour sa maison.

Le prince Edouard son fils ne jouit pas de ce droit; le pape ne l'ayant pas reconnu pour roi. On ne lui permettroit pas à Rome de prendre le pas sur son frere le cardinal d'Yorck; & l'on a exilé quelques supérieurs de moines qui, dans une visite, l'avoient traité de majesté. Je l'ai souvent rencontré dans les rues de Rome, marchant avec deux carrosses. J'avois eu avec lui à Paris quelques conversations, & il parut me reconnoître, en me faisant un signe de bonté; mais je n'allai point lui faire ma cour, ne voulant, dans les circonstances présentes, ne lui donner ni lui refuser le titre de majesté.

On pense que les égards du pape pour l'Angleterre ont pour objet d'en procurer la protection aux catholiques du Canada. Les Anglois font plus accueillis à Rome qu'aucune autre nation, par la dépense qu'ils y font ; au-lieu que cette ville est furchargée de pélerins gueux de tous les états catholiques.

Pour finir ce qui concerne les promotions de cardinaux, il faut obferver que le pape ne peut donner le chapeau *proprio motu* à un fujet de l'empereur, du roi de France ou de celui d'Efpagne, fans l'agrément réuni des trois. Ces puiffances ont encore le droit de rejetter pour nonces tous ceux qui ne leur font pas agréables : c'eft par conféquent les nommer elles-mêmes; & ces trois nonciatures affurent le chapeau à ceux qui les ont remplies.

J'ai dit que le pape avoit un pouvoir abfolu ; j'ajouterai que les cardinaux l'ufurpent fur les autres citoyens. Je ne connois point de pays où les grands foient plus en état d'abufer de leur crédit, & les Italiens nomment cet abus la *prépotenza*. Chaque cardinal a la franchife de fon palais auffi facrée que celle d'une églife, & tout coquin qui a la protection d'une éminence eft à couvert des pourfuites de la juftice. Un feul exemple des excès où peut fe porter un cardinal, en donnera une idée qu'on ne pourroit pas se former sur une assertion générale d'abus de puissance.

Le cardinal Aquaviva étoit protecteur de l'Espagne, titre insolent que prennent les cardinaux chargés des affaires ecclésiastiques d'un royaume, & qui l'est encore trop en les qualifiant de protecteurs des églises de, &c.; mais il ne s'agit pas ici de discuter de vains titres, voyons-en l'effet.

Il faut encore savoir que Rome n'ayant point de guerres pour son compte, tous ses habitants ne s'en intéressent pas moins à celles qui s'élèvent en Europe, que si elles les regardoient eux-mêmes. Chacun s'y passionne pour ou contre chaque nation belligérante. On voit le parti françois, autrichien, anglois, prussien, &c.

Lorsque l'empereur François Ier. fut élu à Francfort, en 1745, le parti autrichien imagina une espece de triomphe. On prit un enfant de douze à treize ans, fils d'un peintre, nommé Léandro, & d'une jolie figure; on l'habilla d'oripeau; un faquino le portant debout sur ses épaules, on le promena dans Rome, suivi d'une foule de canaille qui crioit *vive l'empereur*. Cette mascarade passa d'abord devant le palais du cardinal de la Rochefoucault, chargé des affaires de France; s'arrêta sous les fenêtres, & redoubla de cris de joie. Le cardinal sentit bien que ce n'étoit pas pour lui faire honneur ; mais prenant le parti qui convenoit avec une populace, il se montra sur le balcon, & fit jetter quelques poignées d'argent, Aussi-tôt la canaille se jetta dessus, en criant *vive l'empereur, vive la France.*

Cette troupe de gueux, échauffée par le succès de son insolence, continua sa marche, se rendit sur la place d'Espagne devant le palais du cardinal Aquaviva, & voulut y jouer la même farce. Le cardinal, l'homme du caractere le plus violent, paroît à une fenêtre ; au même instant vingt coups de fusils partent du palais, couchent sur la place autant de tués ou de blessés ; & le pauvre enfant fut du nombre des premiers. Tout le peuple de Rome indigné d'une telle barbarie, dont la conduite du cardinal de la Rochefoucault montroit encore plus l'horreur, s'attroupe, veut incendier le palais & y brûler Aquaviva. Mais celui-ci, qui avoit prévu les suites de sa violence, s'étoit assuré de plus de mille braves, dont il couvrit la place ; quatre pieces de canons chargés à cartouches sont mises en batterie devant le palais, en imposent au peuple qui s'écarte, se dissipe, n'exhalant sa fureur qu'en imprécations contre le cardinal. Il n'en fut depuis que plus respecté, & savoit se défaire de façon ou d'autre de tous ceux qui lui faisoient ombrage. Si le fait n'étoit pas si récent & n'avoit pas eu tant de témoins, il seroit incroyable qu'il fût arrivé, ou qu'il n'eût pas eu plus de suite. J'ai eu besoin pour le croire de me le faire répéter par des personnes de toutes classes. J'ai su d'un banquier très-accrédité dans Rome, & qui en connoît bien l'intérieur, que le cardinal n'avoit pas été sans inquiétude pendant plusieurs jours.

Le peuple, forcé de renfermer sa fureur, avoit projetté de pénétrer par un égout sous le palais & de le faire sauter avec de la poudre. Le chef de la conjuration étoit un maçon nommé Maestro Giacomo, homme de tête, hardi, & une espece de coq du bas peuple. Le banquier de qui je le tiens, en eut connoissance & en instruisit le cardinal, qui manda secrétement Giacomo, le flatta beaucoup, & tout ce qu'il en put obtenir fut que maître Jacques, sans nier ni blâmer le projet, promit simplement de ne s'en plus mêler. Les conjurés, ayant perdu ce chef si nécessaire par sa profession, n'en purent trouver un pareil, le temps refroidit les esprits, & les choses en resterent là.

Il n'est pas moins étonnant que le pape, avec l'autorité absolue & un corps de troupes, n'ait pas fait du cardinal quelque justice au peuple.

Aquaviva eut dans les derniers jours de sa vie tant de remords de ses violences, qu'il vouloit en faire publiquement amende honorable; mais le sacré college ne le permit pas *ob reverentiam purpuræ*.

Le ministre d'Espagne entretient encore aujourd'hui quatre soldats & un bas-officier, qui montent la garde sur la place, prêts à sabrer les sbires qui oseroient paroître sur sa franchise. Les autres ministres étrangers ont aussi chacun la leur, & toutes sont autant d'asyles pour le crime.

Il en est ainsi des autres villes de l'Italie. J'ai vu à Florence un coquin qui s'étoit fait une baraque sur le perron d'une église où il vivoit depuis deux ans de charités, s'y renfermant la nuit, & se promenant le jour sur le perron. Etant à Boulogne, je voyois sous le portique des Franciscains plusieurs de ces marauts y recevoir tranquillement autant d'aumônes que les mendians qui couroient les rues.

Il y a un siecle que toutes les franchises auroient été supprimées, sans la hauteur, pour ne pas dire plus, de Louis XIV, qui, seul de tous les souverains, voulut conserver la franchise de son ambassadeur. Le pape Innocent XI avoit le consentement des autres princes, qui le retirerent dès qu'ils virent qu'il n'étoit pas général. Comment le confesseur de Louis XIV, un jésuite, attaché au pape par état, n'a-t-il pas remontré à son pénitent de combien de crimes il se rendoit responsable, & dans une occasion où la raison, la justice & le bien de l'humanité étoient visiblement du côté du pape?

Ce prince avoit de grandes qualités; mais il n'a pas toujours placé le point d'honneur où il devoit être, & a quelquefois abusé de sa puissance. Il eut raison d'exiger une satisfaction éclatante de l'attentat des Corses contre son ambassadeur; mais il falloit en même-temps châtier les domestiques qui avoient donné lieu à la violence de la soldatesque. Il faut dans toutes les affaires envisager à la fois le principe & l'effet. Tout Rome attestoit alors que les valets & les braves attachés au duc de Créqui ne cessoient journellement d'insulter les soldats de la garde Corse. Ce qui est assez croyable, vu l'esprit du temps, l'indiscrétion françoise & l'insolence de la valetaille.

Si l'on peut blâmer l'excès du crédit

des cardinaux, on ne peut leur faire des reproches fur les mœurs. Il y en a fans doute quelques-uns, comme parmi nos évêques, dont la conduite ne feroit pas hors d'atteinte ; mais en général elle eſt réguliere. Un prélat qui auroit donné du ſcandale, & ne feroit pas d'une naiſſance qui excuſe tout, parviendroit difficilement au chapeau ; & il eſt très-rare qu'une longue habitude de régularité, ou même de contrainte, ſe démente dans un âge plus avancé. Piccolomini, qui avoit été gouverneur de Rome, place cardinalice, c'eſt-à-dire d'où l'on ne fort que pour être cardinal, eut beaucoup de peine à y parvenir à cauſe de quelques galanteries d'éclat.

Quoiqu'il n'y ait pas à Rome la même réſerve qu'en France fur les ſpectacles à l'égard des eccléſiaſtiques, les cardinaux n'y paroiſſent guere. Il y a bien la loge du gouverneur ; mais il n'eſt que dans la prélature, & beaucoup de prélats s'en abſtiennent.

A l'égard de la débauche qui regne, dit-on, publiquement à Rome, & des femmes proſtituées ſous la protection du gouvernement, cela eſt abſolument faux, du moins à préſent. Il n'y a pas plus à Rome qu'à Paris, à Londres & dans les grandes capitales, de lieux de débauche.

On y est ce qu'on appelle *racroché* en plein jour. Cela n'arrive-t-il pas à Paris ? On ajoute, pour aggraver le reproche, que c'est souvent par des abbés ; on ne dit pas que cet habit n'est pas restreint aux ecclésiastiques. C'est l'habit commun de tous ceux qui ne veulent pas être confondus avec le bas peuple, & ne sont pas en état de se vêtir comme les laïques aisés. Observons encore que tout se fait en Italie par des hommes. Aussi-tôt qu'on y est entré, on ne voit plus de servantes dans les auberges, ce ne sont que des valets, *camérieri*. Je ne connois que Venise où les femmes publiques forment une espèce de profession, & soient protégées par le gouvernement.

La société, à Rome, est divisée en plusieurs classes, comme dans tous les gouvernements où il y a des distinctions d'état très-marquées. Les cardinaux, les princes romains, les femmes qualifiées, la prélature forment la premiere classe. L'assemblée qu'on appelle *conversation* se tient à des jours marqués chez ceux où celles qui se sont mis sur le pied de la recevoir. Les étrangers connus, & présentés par le ministre de leur nation, y sont admis, & peuvent continuer d'y aller. On y joue, ou l'on y prend des glaces. Le jeu n'y est pas fort, comme par-tout où l'opulence n'est pas grande. On n'y paie point les cartes ; mais aussi sont-elles souvent bien sales, & ne les change-t-on que lorsqu'on ne peut absolument s'en servir. La propreté n'est en aucun genre une qualité des Italiens, ni même des Italiennes. Un insolent de Paris s'exposeroit à quelques dégoûts, indépendamment d'autres accidens dont malheureusement l'Italie n'a pas le privilege exclusif.

Je fus d'abord un peu choqué de ne voir sur les tables du jeu que des jetons de cuivre ou d'ivoire. La raison qu'on m'en donna me parut bonne pour les maîtres de maison, & injurieuse pour les joueurs. On prétend que si les jetons étoient d'argent, on en emporteroit souvent par mégarde ou autrement. On m'ajouta que M. le duc de Nivernois en avoit perdu quatre ou cinq cents, pendant son ambassade.

Les gens de loi & les principaux de la bourgeoisie ont aussi leurs assemblées & vivent entr'eux ; car un homme d'un ordre inférieur, quelque mérite qu'il eût, ne seroit pas admis dans les sociétés de la premiere classe. La naissance & les dignités y sont les seuls titres d'admission. Je ne connois point de pays où le mérite personnel soit moins considéré qu'à Rome, si l'on excepte l'Allemagee, où la naissance l'emporte sur tout. Un exemple suffira.

Barsquainstein, fils d'un professeur d'histoire à Strasbourg, s'étant fait connoître par son esprit & ses talens, l'empereur Charles VI se l'attacha, le fit ministre & comte de l'empire. Il a occupé la même place sous l'impératrice-reine. Les plus grands lui faisoient la cour; mais il ne put jamais engager leurs femmes à voir la sienne. La comtesse de Kaunitz, que je voyois souvent à Naples où son mari est ambassadeur de l'empereur, m'a dit que le comte de Kaunitz son beau-pere, que nous avons vu ambassadeur en France, voulut, à son retour à Vienne, admettre dans sa société quelques femmes aimables & estimables qui en auroient fait l'agrément. Celles qui leur étoient supérieures par le rang refuserent d'y souscrire, déserterent, & le comte de Kaunitz fut obligé de se soumettre au noble ennui dont elles étoient.

Sur l'éloge qu'on faisoit devant elles du général Lawdon, qui venoit de remporter une victoire, en applaudissant à son mérite, c'est dommage, disoient-elles, qu'il ne soit pas chevalier; car avec seize quartiers, sans mérite, il leur auroit paru bien plus estimable.

Il n'en est pas ainsi à Paris; un homme de mérite n'est exclus d'aucune société. Il est vrai que le premier des mérites pour y être reçu & accueilli, est celui d'être aimable, c'est-à-dire, de porter dans la société de l'esprit d'agrément. Il suffit souvent d'être homme de plaisir, pour être recherché. La probité, la naissance, pourvu qu'elle ne soit pas honteuse & sans fortune, sont les dernieres choses dont on s'informe. Ce que je dis de la facilité des liaisons ne regarde que les hommes. Les femmes, qui sont par-tout les conservatrices de la vanité, admettroient un homme dont elles ne recevroient pas la femme. Il faut plus d'égalité d'état pour qu'elles se voient familiérement. Une seule chose établit l'équilibre avec la naissance, les titres & le rang; c'est l'opulence. Les richesses donnent une grande consideration, puisqu'elles décident des alliances les plus disproportionnées & quelquefois honteuses. Il est naturel qu'elles influent sur la société; & le besoin du plaisir y contribue encore. La plupart des femmes de qualité, & même titrées, n'ayant qu'une pension médiocre, relativement à leurs fantaisies, ne pourroient pas tenir une maison assez opulente pour y recevoir habituellement une compagnie à leur choix. Elles sont donc obligées de rechercher celles qui peuvent en faire les frais, & c'est communément dans la finance qu'on les trouve. L'orgueil compose avec le plaisir & en subit la loi. Quiconque donne un bon souper, a une loge à l'opéra & aux autres spectacles, est en possession de se faire faire la cour, & d'avoir même des complaisantes de tout état.

Le goût pour la table ne regne pas à Rome comme à Paris ; ce qui n'empêche pas qu'on n'y puisse faire des liaisons agréables dans les sociétés de la première classe & de l'ordre mitoyen. Le séjour que j'y ai fait & les habitudes que j'y ai eues, m'ont confirmé ce que le président de Montesquieu m'en avoit dit : que Rome eût été une des villes où il se seroit retiré le plus volontiers.

A l'égard du physique, les environs de Rome, quatre à cinq lieues à la ronde, sont en friche & dévastés presque partout. Varron n'en loueroit pas aujourd'hui la culture. La campagne ne prévient donc pas favorablement pour la capitale. En effet, quant au peuple & à la petite bourgeoisie, tout décele la pauvreté, comme tout à Londres annonce l'opulence nationale, & à Paris le luxe particulier.

La Rome moderne ne rappelle l'ancienne que par des ruines, & la population présente ne donneroit pas l'idée de elle dont parlent les historiens. Ce n'est pas que je croie qu'elle ait jamais été au point qu'ils prétendent ; il seroit même aisé d'en prouver l'impossibilité. Sans vouloir faire ici une dissertation, il suffiroit de considérer que l'enceinte actuelle de Rome est la même que sous Aurélien, mort en 275, qui donna à cette ville la plus grande étendue qu'elle ait eue. Elle n'égale pas celle de Paris, dont le diametre est de cinq mille deux cents toises, de la barriere du Roule à celle du Trône (plus de deux lieues); & Paris est à-peu-près rond. Il n'est donc pas possible que Rome ait pu, dans les temps les plus brillans, renfermer plus de cinq à six cents mille ames, si l'on fait attention à l'espace que devoient occuper les places publiques, les temples, les portiques, les cirques, théâtres, amphithéâtres, les palais des empereurs, dont celui de Néron faisoit, disent les mêmes auteurs, un tiers de la ville. Denis d'Halicarnasse, l. IV, dit que Rome s'étoit tellement accrue, qu'on ne savoit où finissoit la ville & commençoit la campagne. On en peut dire autant de Paris, en partant des barrieres, qui joignent presque les premiers villages. C'est pourquoi les auteurs varient si fort sur l'étendue de Rome : les uns lui donnant treize milles de circuit, &

d'autres jufqu'à cinquante milles. Il n'eft donc pas étonnant que ceux-ci y fuppofent des millions d'habitans; ils y comprenoient fans doute le Latium en entier. On parleroit encore ainfi de Paris, fi l'on faifoit entrer dans le dénombrement les villes, bourgs & villages de dix à douze lieues à la ronde.

Cependant, quelque fuppofition qu'on pût faire fur la population & le nombre des citoyens romains, il n'eft guere poffible de croire ce qu'on lifoit fur la pierre d'Ancyre : que, fous le fixieme confulat d'Augufte, le dénombrement des citoyens romains montoit à quatre millions cent foixante-trois mille; & que, fous l'empereur Claude, le nombre en fut encore augmenté & porté jufqu'à fix millions neuf cents foixante-quatre mille. Rapportons les termes même de Jufte Lipfe, tom. III, p. 387. Plantin. 1637. *Auguftus de fe in lapide Ancyrano hoc dicit : in confulatu fuo fixto luftrum condidiffe, quo luftro cenfita funt civium romanorum capita quadragies centum millia & fexaginta tria. Immanis herclé numerus.... at etiam crevit affidue, & fub Claudio imperatore, Tacitus ac fidi auctores accenfent fexagies novies centena fexaginta quator millia.*

La population de tout l'état eccléfiaftique n'est aujourd'hui que de deux millions, suivant le tableau du gouvernement. Ceux qui portent le plus haut la population de Rome, ne lui donnent pas plus de cent soixante-dix mille ames; & nous avons en France quatre villes de provinces qui en ont autant ou qui les passent; Lion, Nantes, Rouen & Marseille. Je ne crois pas que Rome en ait plus de cent vingt mille, en y comprenant les juifs & le concours des voyageurs, pélerins, &c. hors le temps d'un grand jubilé, ou celui du couronnement d'un pape. Les circonstances font extrêmement varier la population d'une ville. Celle de Rome n'étoit guere que de trente mille, lorsque Grégoire XI y transporta, en 1377, le siege que les papes tenoient à Avignon depuis soixante-douze ans. Léon X la porta à plus de quatre-vingt mille; & six ans après, sous Clément VII, après le sac de Rome, en 1527, on n'y comptoit pas trente-cinq mille habitans. Une grande partie de ceux d'aujourd'hui est composée de prêtres & sur-tout de moines & de religieuses. Je n'en sais pas absolument le nombre; mais il doit être fort considérable, si l'on en juge par ceux & celles de cette espece qui sont dans la seule ville de Naples. Suivant le dénombrement qui en fut fait

& imprimé en 1766, il s'y trouva trois mille huit cents quarante-neuf prêtres, quatre mille neuf cents cinquante-un moines, & six mille huit cents cinquante religieuses. Il est vrai que Naples est trois fois plus peuplé que Rome ; mais celle-ci, proportion gardée, abonde encore plus que Naples en pareilles colonies.

On n'en sera pas étonné, si l'on fait attention à l'espece de gens qui les recrutent. Les ordres mendians, les plus nombreux de tous, sont ordinairement composés de fils de paysans, d'artisans, &c. Il est naturel que des enfans destinés par leur naissance aux travaux & à la peine, cherchent à s'y soustraire & préferent une vie oisive qui leur procure de la considération & quelquefois du respect de la part de ceux à qui ils étoient originairement obligés d'en rendre. Le couvent des capucins en renferme trois cents, & l'on évalue à plus de mille le nombre des récollets, dont trois à quatre cents occupent le couvent d'Aracœli, jadis le temple de Jupiter Capitolin. Quelle métamorphose ! Telle est la politique du pape. Il y a d'ailleurs peu de ces troupes dont malheureusement les autres princes n'ont que trop. Quelques-unes de ces places ont de foibles garnisons. A l'égard de l'état de sa maison militaire dans Rome, il est environ de quinze cents hommes; une compagnie de cuirassiers & une de chevaux-légers. L'infanterie consiste en un régiment de gardes Italiennes, un de gardes Avignonaises, & une compagnie de gardes Suisses. Ces troupes sont bien entretenues, bien payées, & mal disciplinées. Les soldats ont douze sous par jour, & ne sont ni casernés ni en chambrée. La plupart sont mariés, ont des métiers, & font faire leur service par d'autres à qui ils donnent une partie de leur paie.

Il y a une classe du peuple de Rome qui se prétend fort supérieure aux autres; ce sont les Transteverins, c'est-à-dire au-delà du Tibre du côté du Janicule, presque tous jardiniers, vignerons ou gens de peine. Ils sont persuadés qu'ils descendent des anciens Romains. Cette prétention est assez chimérique dans une ville si souvent saccagée & envahie par les barbares. Mais comme l'opinion, vraie ou fausse d'un peuple, forme ses sentimens, fait sa force, & qu'il peut quelquefois ce qu'il croit pouvoir, les Transteverins, plus courageux, plus forts par l'habitude du travail que le commun du peuple, ont souvent fait des séditions, & obligé le gouvernement de compter avec eux. Quoiqu'on ne puisse leur accorder l'antiquité qu'ils s'attribuent, on doit les regarder comme les plus anciens du peuple & de la bourgeoisie, où il y en a peu dont l'aïeul soit né dans Rome. Il en est à-peu-près ainsi des grandes capitales, qui sont ordinairement les vampires d'un état, comme il est aisé de s'en convaincre à Paris, dans quelqu'assemblée que ce soit, en interrogeant ceux qui s'y trouvent sur le lieu de leur naissance.

S'il regne, comme je l'ai dit, tant de frugalité chez les plus grands de Rome, on peut juger que le peuple y vit assez misérablement. Les pieces de théâtre des différens peuples sont une image assez vraie de leurs mœurs. L'arlequin, valet, & personnage principal des comédies italiennes, est toujours représenté avec un grand desir de manger, & qui part d'un besoin habituel. Nos valets de comédie sont communément ivrognes, ce qui peut supposer crapule, mais non pas misere. Sans vouloir rien conclure de cette observation, il est sûr que le peuple vit très-mal à Rome. Ce n'est pas que les vivres y soient chers; en 1765, 66 & 67, années de cherté & même de disette, le pain ne valoit que 2 sols 4 deniers la livre de France, & vaut communément un tiers & quelquefois moitié moins; puisque le bled, qui coûtoit alors 20 liv. le septier, n'avoit souvent été que de 10,

11 ou 12. Mais tout est cher pour un peuple pauvre. On trouve à Rome du vin pour l'artisan & le bourgeois, depuis 2, 4 & 8 sols la pinte. Les droits sur le vin sont aussi très-modérés. Le baril de 62 pintes ne paie en tout que 25 sols, ce qui n'est que le huitieme des droits à Paris. Le vin est assez généralement mauvais en Italie, excepté en Toscane, & à Naples, on ne sait pas même le faire. Les plus passables de l'état ecclésiastique sont ceux de Genzano & d'Orviette. Le peuple de Rome ne fait pas grand usage de vin; car pendant mon séjour je n'y ai pas vu un homme ivre. La viande y coûte un tiers de moins qu'à Paris, & les légumes sont bons & en abondance. Le bois est beaucoup moins cher qu'à Paris; & comme je l'ai dit, on en brûle peu. Le sel est à 2 sols la livre.

Je ne suis entré dans ce détail que pour montrer que la vie n'est pas chere à Rome pour quelqu'un de domicilié; & comme les poids ni les mesures n'y sont pas les mêmes qu'à Paris, j'ai réduit le tout à nos poids, mesures, & à la valeur numérique de nos monnoies.

L'écu romain pese six gros & demi, trente grains poids de France, & vaut 5 liv. 4 s. d. prix fixé au change des monnoies. Il vaut 5 liv. 6 s. 9 d. dans le commerce des matieres d'or & d'argent. Il est au titre de l'écu de France, c'est-à-dire, à onze deniers de fin ou un douzieme d'alliage, à cette différence près, qu'à Rome le remede de loi est en-dehors, au-lieu qu'en France il est en-dedans.

Le sequin romain est au titre de 23 karats $\frac{20}{32}$, & pese un demi gros 28 grains du marc de France. Son prix est au change de la monnoie de 10 liv. 8 s. 11 d., & dans le commerce de 10 liv. 14 s. 5 d.

Les essais de ces différentes monnoies ont été faits par M. Tillet, l'homme le plus exact & le plus instruit de ces matieres. A l'égard des poids, la livre romaine est de 12 onces, l'once de 24 deniers, & le denier de 24 grains. Total 6912 grains. La livre romaine est donc à celle de France dans le rapport à-peu-près de 25 à 36.

On sait la passion que les Romains avoient pour les spectacles, & que le peuple, sur-tout, depuis la perte de sa liberté & de ses vertus, ne desiroit que *panem & circenses*, du pain & des spectacles. Les Italiens modernes diroient *circenses & panem*, des spectacles d'abord. Ils commencent à Rome le lendemain des rois, jour de l'ouverture du carnaval, & de huit théâtres où l'affluence du peuple

E vj

est toujours la même. Ils ne durent pas toute l'année ; ils sont remplacés par des spectacles d'un autre genre, des processions, des *oratorio* dans les églises. Il n'y a point de jour où il n'y ait quelques fêtes qui attirent la foule des fainéans, premiere profession de cette ville. Je suis étonné que les Italiens, ayant autant cultivé la musique qu'ils l'ont fait, n'en aient pas imaginé une propre pour l'église ; car celle-ci & la musique du théâtre sont du même caractere.

Il y a dans les théâtres d'Italie des places à un prix assez bas pour que le peuple y puisse entrer. Cependant les entrepreneurs paient très-cher les voix rares, soit de femmes, soit de castrats. La fameuse Gabrieli avoit à Naples deux mille sequins pour le carnaval. Il est vrai que les sujets ordinaires coûtent peu, & que l'affluence des spectateurs ne cessant point, les entrepreneurs y gagnent suffisamment.

La passion pour la musique est telle que les gens assez aisés pour se satisfaire à cet égard courent d'un bout de l'Italie à l'autre, pour entendre un chanteur ou une cantatrice célebre. Les ballets des opéras, les danseurs sont au-dessous du médiocre. La danse noble ne seroit pas goûtée en Italie, la grotesque est celle qui leur plaît.

Aucune femme à Rome ne monte sur

le théâtre, & il en étoit ainsi chez les Romains. Les rôles de femmes sont joués par des hommes. J'ai vu des femmes par-tout ailleurs sur les théâtres de l'Italie. Mais ce qui m'a toujours choqué, c'étoit d'y voir des castrats jouer des héros tels qu'Alexandre, César, &c.

La promenade n'est pas un des plaisirs du peuple de Rome, il ne pourroit pas se le procurer comme à Paris dans des jardins publics de la ville, & ce seroit un voyage que d'aller hors des murs.

L'enceinte de Rome est la même que du temps d'Aurélien, ce sont encore les murailles que releva Bélisaire. La partie de la ville habitée est à peine aujourd'hui d'un tiers du total; le reste est en vignes, en champs, en jardins fermés où l'on n'entre qu'en payant. Cela seroit ou impossible ou très-onéreux au peuple; & c'est un avantage pour les étrangers qui peuvent satisfaire leur curiosité à prix d'argent, sans être obligés de voir ou faire solliciter les maîtres, dont la plupart ne donnent guere d'autres gages à leurs concierges. La ville Medicis appartenante à l'empereur, & occupée par son ministre, est la seule qui soit gratuitement ouverte au public; & faute d'habitude de la part des habitans, je n'y ai trouvé que des étrangers. On ne voit point dans les fauxbourgs ni hors des murs ces guinguettes où nos artisans & le bas peuple vont oublier leurs travaux, & se livrer à une joie franche, sans souci pour le lendemain.

Les campagnes, les jardins de la partie méridionale de l'Italie, n'ont ni ne peuvent avoir l'agrément des nôtres. L'ardeur du soleil grésilleroit bientôt les feuilles de nos arbres ordinaires, & leur feroit perdre ce verd tendre, frais, si agréable à la vue, & qui, de temps en temps rafraichi par des pluies, se soutient dans nos climats pendant plus de six mois avec plus ou moins d'éclat. On ne voit guere dans le midi de l'Italie que des chênes verds, des cyprès, des ifs, des oliviers d'un verd noir ou très-foncé, qui n'offrent point l'image de la jeunesse de l'année. Ainsi, quoiqu'en disent les admirateurs décidés de l'Italie, nos campagnes sont plus riantes que les leurs. Je n'en dirois pas autant de celles d'Angleterre, si le prime-vert ne s'y soutenoit pas aux dépens de plus de brouillards, & d'une humidité plus continue qu'en France. Voyageons un peu, nous ferons bien ; revenons vivre chez nous avec un peu d'aisance, nous ferons encore mieux.

Un aspect assez désagréable dans la population de Rome, eſt cette multitude de mendians qu'on y rencontre à chaque pas. Je n'imaginois pas qu'il fut poſſible d'en trouver ailleurs qu'à Paris, où, ſuivant le calcul le plus modéré, on en compte plus de vingt mille. Mais en y faiſant attention, je compris que cela étoit dans la regle. La mendicité doit principalement régner dans les pays catholiques, & ſur-tout au centre de la catholicité. Dans quelque état que ce ſoit, la mendicité eſt un défaut de police, mais elle ne peut être regardée comme un vice mépriſable par-tout où il y a des ordres honorés qui ſont mendians par inſtitution. Il eſt naturel qu'une canaille qui n'a pu, ou n'a pas voulu prendre dans ces ordres un brevet de mendiant qui impoſe d'autres devoirs gênans, ait cru pouvoir en exercer l'emploi comme volontaire dans cette armée.

Il n'y a pas à Rome un pauvre qui n'y vive aiſément, même dans un temps de diſette. Un gueux un peu alerte peut trouver dans ſa journée trois ou quatre ſoupes aux portes des couvens & autres; participer à autant & plus de diſtributions de pagnotes; de ſorte que pluſieurs en revendent, & tous l'un dans l'autre en recueillent deux paoles par jour. Cette contribution ſe leve communément sur les moins aisés des citoyens. Le peuple est par-tout naturellement charitable, parce que la compassion, bien ou mal entendue, est principalement dans le cœur de ceux qui souffrent eux-mêmes. Les grands à Rome répandent aussi beaucoup d'aumônes, aliment de l'oisiveté & poison de l'industrie. Quelques-uns en font une partie de leur luxe. Ce seroit un grand bien, si l'application en étoit plus raisonnée; si ces aumônes n'étoient qu'un aide, un encouragement, une récompense du travail; s'ils savoient enfin combien la charité qu'on appelle aumône diffère de la charité bien entendue.

Il y a très-peu de classe moyenne à Rome; c'est-à-dire, de cette bourgeoisie d'une fortune honnête sans opulence, & qui, avec un patrimoine soutenu de commerce & d'industrie, vit sans faste & sans inquiétude, telle enfin qu'on en voit dans Paris & dans presque toutes nos villes.

On n'a pas à Rome la commodité des carrosses de place, qu'on trouve non-seulement à Paris, mais dans plusieurs villes de France. Ils ne se soutiendroient pas à Rome, attendu qu'il n'y a pas assez de bourgeoisie aisée pour en faire un usage fréquent. Les carrosses de louage ou de remise n'y sont même guere employés que par les étrangers.

Le bas peuple est également lâche & cruel. Les assassinats n'y sont pas rares. La plupart des querelles s'y terminent par des coups de couteau, & un homme l'épée à la main écarteroit une foule de cette canaille d'assassins. Ce n'est pas faute de loix. Elles sont à Rome, à certains égards, plus séveres qu'ailleurs; mais presque toujours sans exécution, ou mal appliquées. Par exemple, il est défendu, sous peine de mort, de porter des couteaux à gaines, regardés comme poignards; & celui qui en a frappé ou tué quelqu'un, en est quitte pour les galeres; encore faut-il qu'il soit sans protection, car il y a des assassins impunis. Quelquefois un vol léger est puni de l'estrapade, & plusieurs en demeurent estropiés pour la vie; de sorte qu'un voleur est souvent plus malheureux qu'un assassin. Cela vient peut-être du peu d'intérêt qu'on prend à Rome à un homme tué, au-lieu que le volé y poursuit le voleur. Il n'y a point de pays où l'argent n'ait une grande faveur; mais il me paroît encore plus révéré chez un peuple qui en a peu, qui en desire beaucoup, & qui de jour en jour en voit diminuer la masse. De sorte que dans peu d'années on ne verra d'or & d'argent dans Rome, que ce que les voyageurs en portent dans la poche; car leurs fortes dépenses se paient en lettres-de-change.

Pour entendre ceci, il faut que j'expose de quelle maniere les choses en sont venues au point où elles sont actuellement.

Sixte V, qui étoit monté en serpent sur le trône pontifical, voulut y régner en prince absolu. Quoique la séparation des protestans d'avec Rome, dût rendre les papes plus circonspects qu'auparavant avec les états catholiques-romains, ils y conservoient encore beaucoup d'influence. Mais il falloit, pour se soutenir ailleurs, commencer par être maître chez soi; & Sixte voulut détruire ou concilier les factions qui partageoient Rome.

Deux puissantes familles, les Colonnes & les Ursins, étoient ennemies l'une de l'autre; cherchoient réciproquement à se détruire, & toute la noblesse suivoit le parti de l'une ou de l'autre. Cette dissention causoit des troubles dans Rome. Sixte V entreprit de les calmer, de les prévenir pour la suite, & d'assurer de plus en plus son autorité, en réunissant & s'attachant les Ursins & les Colonnes. Il avoit deux petites-nieces petites-filles de sa sœur. Il maria l'une à l'aîné de la maison Colonne, & l'autre à l'aîné de la maison Ursine. Il déclara en même-temps que les aînés de ces deux maisons seroient toujours princes *del Soglio*, du trône;

c'eſt-à-dire, que les papes tenant chapelle, un de ces deux princes alternativement feroit aſſis ſur un tabouret auprès du trône; ce qui ſubſiſte encore aujourd'hui. Par-là, Sixte, en accordant à ces deux maiſons une ſupériorité ſur les autres, affoiblit réellement leur puiſſance. Ces princes ou barons romains, qui juſques-là s'étoient regardés comme égaux de rang aux Urſins & aux Colonnes, s'en détacherent par jalouſie. Sixte V ayant, ſuivant la maxime de Tibere, diviſé pour régner, imagina, pour mettre toute la nobleſſe & les familles opulentes dans ſa dépendance, de ſe rendre maître de l'or & de l'argent des citoyens, par l'appât qu'il leur préſenta. Pour cet effet, il créa les *lieux de Mont*, qui répondent à nos rentes ſur la ville. Ils étoient d'abord à 5 pour 100; & par les réductions qu'éprouvent ces ſortes d'effets, ils ſont aujourd'hui à moins de 3 pour cent. Mais le coup déciſif de Sixte V, pour garder l'argent, fut qu'au-lieu de payer les intérêts en eſpeces, on ne les paya qu'en papier, qui avoit & continue d'avoir cours comme monnoie, que l'état reçoit & donne en payement.

L'or & l'argent fut renfermé au château Saint-Ange, & c'eſt ce qu'on nomme le tréſor de Sixte V. Il étoit originairement de cinq millions d'écus romains, faisant de notre monnoie actuelle de France, en 1767, 26 millions 104 mille 166 liv. 13 f. 4 d., l'écu évalué à 5 liv. 4 f. 5 deniers, titre & poids de France.

Je donnerai un état abrégé des revenus & des dépenses des papes, & de ce qui concerne ses finances.

On voit que le système économique de Sixte V, a pu lui être personnellement avantageux, mais qu'il a été pernicieux à Rome, & par conséquent à ses successeurs. Des rentiers peuvent être une ressource passagere dans un état. Mais si l'on ne s'empresse d'éteindre leurs créances en les remboursant, ils deviennent un ver rongeur dans ce même état qui, tôt ou tard, périt ou les fait périr eux-mêmes par une banqueroute. Si l'argent, au-lieu d'être un fond mort au château Saint-Ange, eût circulé, les terres des environs de Rome auroient été cultivées; au-lieu que les richesses réelles se sont évanouies, l'argent y devient de jour en jour plus rare, & la cause en est évidente. Tout état qui a besoin de productions étrangeres ne peut se les procurer qu'en argent ou par l'échange du superflu des siennes: or, dans l'état ecclésiastique, l'exportation est fort inférieure à l'importation; la balance du commerce est donc contre Rome en faveur de plusieurs états qui lui fournissent plus qu'ils n'en tirent. Par exemple, la France ne doit pas à Rome un million en bulles, annates, dispenses, &c. en dépenses d'ambassadeurs, de l'auditeur de Rote, en abbayes à quelques Italiens, & pour les productions que nous tirons : or, la France en fournit pour près de trois millions; l'excédent doit donc être soldé par Rome en argent qu'elle tire d'autres états catholiques, tels que l'Allemagne ou la Pologne, qui ne lui portent que peu ou point de productions Cette ressource n'est pas toujours suffisante, & il y a des calamités qui obligent les papes de recourir au trésor de Sixte V. Clément XIII, y a déja puisé trois fois dans des années de disette, pour faire venir des bleds, sans quoi une partie du peuple seroit morte de faim.

On remplace quelquefois une portion de ce qu'on y a pris; mais jamais en total. Ainsi on estime que ce trésor, originairement de 26 à 27 millions de notre monnoie, est à peine aujourd'hui de six à sept.

Benoît XIV n'y donna point d'atteinte; mais le marché, quoique mauvais en soi, qu'il fit avec l'Espagne, lui procura, pour le moment, des reſſources que n'a pas eues ſon ſucceſſeur. Quoi qu'il en ſoit, le gouvernement & l'adminiſtration économiques de Rome ont tant de vices, que ſi l'on ne les réforme, cet état ne ſubſiſtera pas encore long-temps, du moins tel qu'il eſt.

Le deſir de l'argent n'y eſt pas comme chez les riches avares, la ſoif de l'hydropique, mais celle de l'homme épuiſé. Auſſi n'y a-t-il rien qu'on n'y obtînt à prix d'argent, & l'on pourroit encore dire de la Rome moderne, ce que Jugurtha diſoit de l'ancienne: *Urbem venalem & maturè perituram, ſi emptorem invenerit.*

Il paſſe pour conſtant que Rezzonico, riche banquier, procura le chapeau de cardinal à ſon ſecond fils, aujourd'hui pape, (Clément XIII) moyennant cent mille écus qu'il donna au cardinal Neri Corſini, neveu de Clément XII. Je ſuis perſuadé qu'avec trois millions répandus avec intelligence, on feroit pape un janſéniſte, en achetant les voix de ceux des cardinaux qui ne pourroient pas prétendre à la tiare pour eux-mêmes.

Après m'être à-peu-près ſatisfait ſur le matériel de Rome; après en avoir obſervé les mœurs & le régime, il ne falloit pas, comme le proverbe le dit, de ceux qui négligent ce qu'il y a de plus curieux, aller à Rome sans voir le pape. Pour moi, qui ne le jugeois pas l'objet le plus important de mon voyage, j'avois déja passé un mois dans sa capitale, sans penser à lui aller baiser la mule. Je le rencontrois souvent avec son cortege, allant aux prieres de quarante heures, qui se font tous les jours de l'année successivement dans quelqu'église. Cependant tous les François connus s'y étant fait présenter, je crus qu'il y auroit de la singularité à ne le pas faire; d'autant que je sus que quelques cardinaux lui avoient parlé de moi; & j'étois curieux de voir comment il recevroit un auteur noté à l'index. Je fit part de mon dessein à M. d'Aubeterre, notre ambassadeur, qui le jour même envoya son maître de chambre demander pour moi une audience. Le pape la donna pour le lendemain.

Je m'y rendis; & après avoir, suivant l'étiquette, quitté mon chapeau & mon épée, je fus introduit par un prélat, *monsignor* Borghese. Je fis les trois génuflexions & baisai la mule du pontife, qui me fit relever aussi-tôt, & engagea la conversation. Il me fit d'abord des questions sur les motifs de mon voyage, me parla avec beaucoup d'estime du cardinal de Bernis, avec qui il savoit, me dit-il, que j'étois fort lié. Je répondis à tout ce qu'il me demandoit, & me mis avec sa sainteté aussi à l'aise qu'il est possible, sans sortir du respect qui lui est dû. Il me demanda, entr'autres choses, si je ne comptois pas faire imprimer des morceaux du regne présent. *Vostra santita*, lui répondis-je, *non voglio m'avvilire ne perdere*. Votre sainteté, ajoutai-je en François, me conseilleroit-elle de faire lire par mes contemporains des vérités qui ne plairoient pas à tous ? *E pericoloso*, dit le pape. J'observerai que je lui parlai d'abord en Italien ; mais l'entendant mieux que je ne le parle, je me servis du François quand il m'étoit plus commode ; & pour m'y autoriser, je dis au pape : je sais que votre sainteté entend parfaitement le François, & j'espere qu'elle trouvera bon que le secretaire de l'académie Françoise parle quelquefois sa langue. Oui, dit-il, en me parlant lentement. Je me servis donc indifféremment des deux langues. Il m'avoit déja donné une demi-heure d'audience, lorsque je lui dis : saint pere, pour ne pas abuser des bontés de votre sainteté, je vais en prendre congé ; mais je la supplie auparavant de me donner sa bénédiction paternelle. *Aspetta*, me dit le pape ; & sur un signe qu'il fit à un prélat, celui-ci entra dans un cabinet, d'où

il

il revint le moment d'après, portant sur une soucoupe un chapelet d'une dixaine, d'où pendoit une médaille d'or qu'il présenta au saint pere, qui le prit & me le donna. En le recevant de sa main, je pris la liberté de la lui baiser, ce qui le fit sourire, & je vis que les assistans sourioient aussi. Quand je fus sorti, je demandai le motif de cette petite gaieté au prélat qui me conduisoit. Il me dit devant les officiers de l'anti-chambre, que je m'étois attribué un privilege réservé aux cardinaux, qui ont seuls celui de baiser la main du pape, & s'opposerent au dessein que Benoît XIII (Ursini) avoit de l'accorder aux évêques. Comme mon entreprise cardinaliste devint le sujet de la plaisanterie, je leur dis que si une jolie femme m'avoit présenté quelque chose, je lui aurois baisé la main en le recevant, & qu'un vieux pontife ne devoit pas trouver mauvais qu'on le traitât comme une jolie femme. On en rit beaucoup, & je crois qu'on le redit au pape.

Deux jours après ma présentation, je partis le samedi 7 février pour Naples par le *procaccio*, & j'y arrivai le mercredi 11 vers quatre heures du soir. La distance de Rome à Naples est de cent cinquante milles, qui font au moins cinquante lieues de France; & cette route très-fréquentée est, à tous égards, pour les voitures, les cavaliers & les gens de pied, la moins praticable qu'il y ait en Europe, sur-tout quelques milles avant Piperno, & de-là jusques à Capoue; car de Capoue à Naples le chemin est assez beau. On m'a dit que depuis mon retour d'Italie le chemin avoit été refait pour le passage de la reine de Naples, & qu'il est aujourd'hui très-beau. Mais comme cette princesse n'avoit rien de commun avec les auberges, elles sont restées dans le même état. Les vivres & la saleté des chambres, des lits, &c. l'emportent encore sur les autres de l'Italie; c'est tout dire.

Le procaccio est un messager qui part tous les samedis de Rome pour Naples, & de Naples pour Rome; de sorte que les deux messageries se croisent & se trouvent ensemble à la dînée de Terracine. Chaque journée est de trente milles ou dix-huit lieues, qui ne se font pas en moins de douze heures, en partant à quatre heures du matin; ainsi on arrive de grand jour à la couchée, en hyver même, attendu la latitude. Les voitures que fournit le procaccio sont des especes de cabriolets à deux, ne fermant qu'avec des rideaux de cuir, & derriere lesquels on peut placer deux malles & un porte manteau, ou même un valet.

Le marché qu'on fait porte que le voyageur sera défrayé du souper & du coucher. On ne prend cette précaution que pour s'assurer du gîte, car le souper n'est pas tentant. A l'égard du dîner, c'est l'affaire du voyageur. J'étois heureusement muni de provisions & de vin, & je quittois volontiers le procaccio de sa bonne chere, dont je ne fis nul usage. Il faut aussi porter un couvert, car on ne trouve que des cuilliers & des fourchettes de cuivre. On pourroit du moins, quand elles sont de fer, les nettoyer en les passant au feu.

L'usage en France est de donner des arrhes pour les places dans les voitures publiques; en Italie ce sont les voituriers qui sont obligés d'en donner à ceux qui les arrêtent. Mon dessein étoit d'abord de prendre une chaise de poste; mais M. d'Aubeterre, notre ambassadeur, m'en détourna, en me prévenant que les routes n'étoient pas sûres, & que s'il ne voyageoit pas avec un nombreux domestique, il se serviroit lui-même du procaccio. Nous trouvâmes en effet, en traversant un bois, entre Terracine & Fondi, un voyageur qui venoit d'être volé & blessé, qu'on transporta à Fondi. Nous n'avions pas à craindre pareille aventure; nous marchions avec neuf ou dix chaises, &

F ij

notre caravanne étoit au moins de trente personnes, maîtres & valets. Cela n'empêchoit pas qu'à trois quarts de lieue en avant des gîtes, deux sbirres en guenilles, armés de fusils & de pistolets de ceinture, & prêts à fuir devant des brigands à nombre égal, ne vinssent nous offrir leur escorte, & nous suivoient à pied pour obtenir quelques paoles qu'on leur donne, & qu'ils ne méritent pas. Ce sont la plupart de plus grands marauds que ceux qu'ils sont chargés de poursuivre. J'ai eu la preuve de leur brigandage & de leur vexation avec des voyageurs à qui ils pouvoient inspirer de la crainte.

Arrivé à Naples, voici ce que j'ai recueilli, pendant mon séjour, de notions générales sur ce royaume. Sa longueur est de 350 milles, sa largeur de 100 milles, son circuit de 1425 milles & de 400 milles de côtes sur la méditerranée & l'adriatique. Les tables de la population faites en 1766 la portent à 3,953,090 ames. La Sicile en renferme environ trois millions. On compte dans le royaume de Naples 109585 prêtres, moines & religieuses,

archevêques,	22	
évêques,	116	
prêtres,	55942	109585.
moines,	30677	
religieuses,	22828	

Ces célibataires sont donc dans la proportion d'un sur trente-six à trente-sept, & l'on estime qu'en France elle est d'un sur cent huit : ainsi cette espece de célibataires du royaume de Naples seroit à celle de France comme trois à un. Si l'on ne considere pas la seule ville de Naples, dont la population est, suivant les mêmes tables, de 337,095 habitans, les personnes vouées à l'église sont d'un à vingt-deux, encore dit-on qu'il y a eu des omissions faites à dessein. Quoi qu'il en soit, les tables portent,

$$\left.\begin{array}{l}3849 \text{ prêtres,}\\ 4951 \text{ moines,}\\ 6850 \text{ religieuses,}\end{array}\right\} 15650.$$

Le royaume de Naples & celui de Sicile rapportent au roi quarante millions de livres de France, dont vingt à vingt-deux millions sont engagés ; de sorte qu'il n'en reste pas vingt pour les dépenses. Le roi entretient trente-six régimens d'infanterie & neuf de cavalerie ou dragons, faisant en tout environ vingt-sept mille hommes. Sa petite marine est de deux vaisseaux de guerre, quatre frégates & quatre galeres.

Quand on considere la situation du royaume de Naples, la fécondité du sol, la force de la végétation, ce qu'on en peut tirer en bleds, vins, huiles, soies, laines & fruits ; & quand d'un autre côté on y trouve si peu de manufactures & de commerce, on est obligé de supposer que l'administration ou la constitution de cet état est vicieuse. Il paroît que l'une & l'autre le sont. Les biens offerts par la nature ne peuvent être altérés que par des causes morales, & il y en a plusieurs qui s'opposent à la prospérité du royaume de Naples. La multitude des gens d'église détruit la population, l'énormité des impôts étouffe l'industrie & le commerce. Toutes les productions du pays sont chargées de droit de sortie, & les soies manufacturées paient jusqu'à 25 pour % en passant à l'étranger, & même de Province à Province. La multiplicité des fêtes, des confréries, des processions, &c. entretient la paresse du peuple le plus vif & le plus ennemi du travail ; il n'a qu'une activité purement machinale.

Presque tout le royaume n'est composé que de grands fiefs & de terres titrées. On y compte soixante principautés ; cent duchés, autant de marquisats, soixante-dix comtés & plus de mille barons ou baronnets. Cette distribution n'est nullement favorable à la culture. Les propriétaires ne doivent pas prendre un grand intérêt à l'amélioration de leurs fiefs dont le roi hérite, faute d'hoirs au-delà du troisieme degré. Ils ne peuvent par conféquent les aliéner, il ne leur est pas même permis de sortir du royaume sans congé limité; ils sont donc en effet des especes de serfs *addicti glebæ*. Lorsque les fiefs tombent sous la main du roi, ils n'en sont que plus mal administrés. On sait quel est ailleurs le sort des domaines du prince. Il n'en est pas en Sicile comme dans le royaume de Naples. Si les seigneurs Napolitains ne doivent pas être fort attachés à des possessions précaires, les cultivateurs le sont encore moins, puisqu'ils ne peuvent disposer du fruit de leurs travaux. On voit ailleurs des réglemens absurdes sur le commerce des grains; mais à Naples, le ministere est en effet le seul marchand de bled; & la plupart des impôts se portent sur les consommations, par conséquent sur le peuple, occasion prochaine de révolte de la part des malheureux qui n'ont rien à perdre. Celle de Mazaniello vint en 1647, d'un impôt sur les fruits & les herbages, nourriture commune de ce peuple. Voilà une partie des causes du peu de prospérité d'un état dont le sol seroit si fécond, & dont la position est si favorable au commerce. La marque la plus sûre d'un mauvais gouvernement est de voir les hommes naturellement attachés au-lieu de leur naissance, le déserter, pour se réfugier dans les villes, ou se rapprocher de la capitale. L'état Napolitain en offre un exemple frappant.

Quelque prévenu que je fusse de la population de Naples, j'en fus frappé en y entrant. C'est la ville la plus peuplée de l'Europe relativement à son étendue, & qui le paroît encore plus par la multitude de *lazaroni*, de gueux sans profession fixe, dont un grand nombre n'a d'autre habitation que les rues & les places. On voit par toute la ville le même mouvement que dans la rue Saint-Honoré à Paris; & il étoit encore augmenté par l'affluence des étrangers que le carnaval attiroit dans une année où il n'y en avoit point à Rome. Les hôtels garnis & les auberges ne suffisant pas à la quantité d'étrangers qui affluoient à Naples, j'en ai vu, d'assez distingués, obligés de loger chez des artisans, dans des rues étroites & obscures où les carrosses n'abordoient qu'avec peine. N'étant pas arrivé des premiers, j'aurois été fort embarrassé où loger, si je n'avois pas eu le bonheur de trouver Myladi Orfort, bru du célebre Robert Walpool, qui, prévenue de mon arrivée, voulut absolument me donner un appartement chez elle. Je l'avois connue à Paris douze ans auparavant chez la comtesse de Graffigny, auteur des lettres péruviennes & de Cénie. Elle passoit alors d'Italie en Angleterre pour y régler quelques affaires, & il y avoit déja plusieurs années qu'elle s'étoit retirée à Florence. A son retour d'Angleterre, elle retourna en Italie, dont la température l'avoit engagée à s'y fixer; & lorsque j'allai à Naples, dont le climat est beaucoup plus chaud que celui de Florence, elle s'y étoit établie depuis cinq ou six ans. J'avois été assez heureux pour lui rendre à Paris un très-léger service. Aussi-tôt qu'elle me sut à Rome, elle m'écrivit les lettres les plus pressantes, & chargea de plus le cardinal Piccolomini, son ami, de me chercher, & d'exiger ma parole de ne point loger ailleurs que chez elle à Naples.

Quelque répugnance que j'aie toujours eue à prendre en voyage d'autre logement que la chambre garnie, la difficulté d'en trouver alors, & les instances de Myladi Orfort me firent accepter ses offres. Son hôtel est à Pezzofalconé, le lieu de Naples le plus élevé. Elle m'y donna un appartement de la plus grande propreté angloise, avec toutes les commodités de recherche. L'usage des maîtres à Naples est d'occuper l'étage le plus haut, pour être moins incommodés du bruit & du service des écuries. On est encore par-là

F v

à portée des terrasses qui forment tous les toits, & d'y aller respirer l'air frais une partie de la nuit, dans la saison des grandes chaleurs, qui doivent durer long-temps, si j'en juge par la température de ce climat en plein hyver. J'ai vu, dès le premier jour de mars, des enfans absolument nuds courir sur le bord de la mer. Cette ville, bâtie en amphithéâtre autour du golfe, offre le plus bel aspect qu'il y ait dans l'univers. Je doute que Constantinople l'emporte à cet égard sur Naples. J'en découvrois de mes fenêtres toute l'étendue avec celle de la mer, & en perspective le Vésuve à l'orient, & le Pausilipe au couchant. Je voyois le volcan étinceler la nuit, & pousser continuellement pendant le jour une épaisse colonne de fumée.

Ce fut par événement un bonheur pour moi d'être logé chez Myladi Orfort. Au bout de dix ou douze jours j'éprouvai ce que j'avois lu dans le voyage de Grosley ou *des deux Suédois*, l'effet de l'air de Naples sur ceux qui n'y sont pas habitués. L'athmosphere est si imprégnée de soufre par le voisinage du Vésuve & de la Solfatare, qu'on le respire avec l'air; je m'en trouvai si incommodé, que le docteur Thiéri, médecin de l'impératrice-reine, qui faisoit en Italie des expériences sur des eaux minérales, & dont j'étois connu, vint me voir & me força de me faire saigner. Sans être réduit à m'aliter, je ne jouis point pendant le reste de mon séjour à Naples de ma santé ordinaire. Le chagrin que me causa la mort de ma mere, que j'appris en même-temps, aggrava encore mon indisposition. Quoiqu'elle fût dans sa cent-deuxieme année, je l'avois laissée en si bon état que je me flattois de la conserver encore long-temps. On ne pouvoit en effet attribuer sa mort à son âge, puisqu'elle mourut d'une fievre inflammatoire de vingt-trois jours avec des redoublemens. Mes amis de Paris connoissant ma tendresse pour elle, & ne voulant pas troubler le plaisir qu'ils me supposoient dans mon voyage, se concerterent avec ma famille, & empêcherent qu'on annonçât la mort de ma mere dans la gazette de France; mais je l'appris par celle d'Avignon, & par d'autres papiers publics. J'en ressentis la douleur qu'on doit éprouver en perdant la seule personne dont on puisse être sûr d'être aimé. A mon chagrin se joignoit le dépit de n'avoir pu aller cette année en Bretagne jouir du plaisir d'y voir ma famille & de passer auprès de ma mere des momens qui me devenoient de jour en jour plus précieux, à mesure qu'elle avançoit en âge. J'avois l'année précédente été rappellé d'auprès d'elle par une lettre du ministre, attendu que j'étois accusé de ne pas applaudir à la tyrannie qui s'exerçoit dans la Province. Il est vrai que je m'étois quelquefois expliqué en vrai patriote, en fidele sujet, & c'étoit alors un crime.

Avant que je me trouvasse incommodé de l'air de Naples, j'en avois déja vu tout ce qu'il y a de curieux ou donné pour tel. Le jour même que j'arrivai, j'allai à l'opéra au théâtre de Saint-Charles, parce que le roi y étoit, & que lorsqu'il y vient, toutes les loges sont éclairées, chacune de deux flambeaux de cire blanche, indépendamment des bougies qui sont toujours dans l'intérieur des loges. On vante beaucoup les salles de spectacle de l'Italie, & celle de Saint-Charles est une des plus renommées; cependant les six rangs de loges dont le devant contient à peine trois personnes de front, ressemblent par leur multiplicité à des boulins de colombier. Elles s'élargissent un peu vers la porte, où l'enceinte extérieure d'une forme circulaire, a plus d'étendue que l'intérieure, & sont assez profondes, pour contenir en tout huit ou dix personnes sur des chaises. On y prend des glaces & l'on fait la conversation pendant l'opéra qui dure quatre ou cinq heures, sans qu'on y fasse attention, excepté à trois ou quatre ariettes. Aussi quand les plus grands amateurs me demanderent ce que je pensois de l'opéra, je répondis qu'il m'intéressoit autant qu'eux, puisque ni eux ni moi ne l'écoutions. Aussi fait-on des visites d'une loge à l'autre pendant le spectacle, & j'en usois ainsi. Je connoissois tous les ministres étrangers, soit pour en avoir vu plusieurs à Paris, soit pour m'être trouvé à dîner avec eux dès les premiers jours de mon arrivée à Naples. J'avois été invité aux bals de la noblesse, & présenté aux principales personnes de cet ordre. J'aurois donc été fort répandu, si ç'eût été mon goût; mais je me bornois à vivre chez myladi Orfort, le comte de Kaunitz, ministre de l'empereur, & M. Hamilton, ministre d'Angleterre. Je voyois circuler dans ces trois maisons tout ce qu'il y avoit dans Naples de gens qui méritoient le plus d'être connus ; & comme je les rencontrois à l'opéra, je leur faisois des visites dans leurs loges. Je n'aurois pu sans cette distraction supporter l'ennui de l'opéra. Je n'ai garde de prendre parti dans la dispute sur la préférence de la musique françoise ou italienne : j'ai vu cette querelle aussi vive que si elle eût été de religion. Pour moi ami des chefs des deux sectes, & très-sensible à la musique, je me suis borné au plaisir que l'une & l'autre m'ont fait, chacune dans son genre. Les opéras bouffons des Italiens m'ont plu ; mais leurs grands opéras avec deux ou trois ariettes & quelques morceaux de récitatif mesuré, très-clair semés, ne peuvent racheter l'ennui d'un spectacle de plus de quatre heures. Les ballets sont pitoyables ; le garçon perruquier dont je me servois étoit un des figurans. La danse noble ne seroit pas du goût des Italiens, il leur faut des polichinels, des pierrots & d'autres grotesques, sans légéreté ni graces. Tous les airs de danse sont empruntés des musiciens françois, & je n'ai presque jamais trouvé dans les sonates & les concerto que de l'harmonie sans dessein. Au reste il entre beaucoup d'habitude, dans le plaisir que cause la musique, & les différens peuples peuvent fort bien différer de goût, sans avoir tort ni raison. Le récitatif des Italiens nous blesse, le nôtre leur déplaît ; c'est que notre prosodie & la leur ne sont pas la même. Je conviendrai cependant que le leur est plus débité, & le nôtre trop languissant. A l'égard de nos chanteurs & chanteuses, ils donnent trop de voix, crient assez souvent, & l'on n'entend pas avec plaisir des sons forcés. Les Italiens pêchent peut-être par l'excès contraire, & ne chantent qu'à demi-voix. Un avantage que notre musique, du moins à mon sens, a sur la leur, c'est que celle de nos instrumens est toujours chantante, au-lieu que leur vocale tient de l'instrumentale : ce sont des tenues, des passages, des points d'orgue. Cependant dans l'ordre de la nature la voix est le premier instrument, & la musique instrumentale ne doit être qu'une imitation de la vocale. La célèbre Gabrieli me paroissoit moins chanter que jouer de la voix. Pour les castrats, qui n'ont aucune sensibilité dans le chant, ce sont de purs instrumens. Le plaisir qui peut naître de leur exécution brillante est troublé par la compassion & le mépris que leur état inspire ; c'est du moins ce que j'ai toujours éprouvé.

Les plaisirs du carnaval étoient à Naples ce qui me touchoit le moins. J'y préférois des courses au Vésuve, à Portici, Herculane, à Pompeïa, deux lieues au-delà de Portici, Pouffol & Bayes, à la Solfatare. J'avois d'autant plus de facilité à me satisfaire que myladi Orfort avoit beaucoup d'équipages & deux maisons de campagne, l'une à Pouffol & l'autre à Saint-Jorio, au pied de Vésuve. Si j'avois été frappé des ravages du temps & des barbares au milieu des monumens de l'ancienne Rome, je l'étois encore plus en voyant des villes entieres enfévelies fous les laves du Véfuve. Je parcourois tous ces lieux avec le meilleur guide, le Cicéroné le plus inftruit que je puffe trouver dans Naples. C'eft pourtant un étranger; M. Hamilton, miniftre d'Angleterre. Lorfqu'il me conduifit au Véfuve, il alloit pour la vingt-deuxieme fois en obferver les phénomenes. Un étranger curieux, & qui a paffé quelques années dans un pays, le connoît mieux que ceux qui y font nés. La plupart de ceuxci fe flattent toujours de voir ce qui eft fi fort à leur portée, vivent & meurent fans avoir rien vu. Obfervateur exact des antiquités, de la nature & des arts, M. Hamilton, en rempliffant avec foin les devoirs de fon miniftere, trouvoit du temps pour tout. Il ne manque point à qui fait l'employer. Ce miniftre faifoit travailler les artiftes, & avoit formé un cabinet d'hiftoire naturelle dont il pouvoit être le démonftrateur. Il dînoit habituellement chez lui avec un petit nombre d'amis, parmi lefquels il vouloit bien m'admettre, & avoit de plus chaque femaine une affemblée où fe trouvoit ce qu'il y avoit de plus diftingué dans Naples. On y entendoit un concert excellent où mademoiselle Hamilton touchoit le clavecin avec une supériorité reconnue, dans une ville qui l'emporte pour la musique sur le reste de l'Italie. Monsieur & madame Hamilton sont le couple le plus heureux que j'aie connu. Tous deux encore jeunes, avec le cœur droit, l'esprit enrichi de connoissances, ayant les mêmes goûts, & s'aimant réciproquement, m'offrirent le tableau d'une vie patriarchale. La femme, née avec une fortune très-honnête, jouit du plaisir d'avoir fait celle de son mari, qui n'avoit pour tout bien qu'un nom illustre. Le mari, flatté de ce qu'il doit à une femme chérie, se plaît à le dire, & le sentiment de la reconnoissance augmente celui de sa situation.

M. Hamilton, après m'avoir accompagné au Vésuve, eut encore la complaisance de me conduire à Pouffol, où nous prîmes un bateau pour faire le tour du golfe. Ces lieux sont décrits dans un si grand nombre d'ouvrages, que je n'en dirai rien, sinon que je les parcourus avec beaucoup de plaisir par le plus beau jour, & qu'en voyant l'averne, les champs élifées, la grotte de la Sybille, &c. j'admirai le parti que Virgile en avoit tiré dans le sixieme livre de l'Enéide, & combien l'imagination des poëtes dénature les objets. C'étoit sur les bords de ce golfe que les empereurs & les plus grands de Rome avoient des maisons de plaisance. Tacite, Suétone, Dion Cassius, les lettres de Cicéron, celles de Pline parlent des palais, des thermes, des jardins délicieux de Pompée, de César, de Marius, de Pison, de Domitien, de Lucullus, de Mammée, mere d'Alexandre Sévere, & de beaucoup d'autres. Les ruines des temples & des amphithéâtres attestent la grandeur que les Romains de ces temps-là déployoient à Bayes, Cumes, Pouſſol & dans tous les environs du golfe. On sait que Scipion l'Africain, indigné de l'ingratitude des Romains à son égard, se bannit volontairement de Rome, & alla finir ses jours à Linterne, près de Cumes. Il s'y fit inhumer, ne voulant pas même que ses cendres fussent portées à Rome, & ordonna qu'on mit sur son tombeau : *Ingrata patria, ne ossa quidem mea habes.* Lorsque les Vandales, dans le cinquieme siecle, détruisirent Linterne, il ne restoit plus de l'épitaphe que le mot *patria*, ce qui a fait donner à la tour qui fut bâtie depuis au même lieu, le nom de *Torre di patria*. Sylla se retira aussi, après son abdication, dans un village près de Cumes, où il paſſa la derniere année de ſa vie, & mourut dans une tranquillité dont il étoit bien indigne. Sannazard, dans une de ſes élégies, déplore le ſort de Cumes, jadis ſi célebre, & dont il ne reſte plus que des ruines qui en marquent la place. Elle eſt entre les lacs de Caluccio & Licola. On y fait, vers la mi-novembre, des chaſſes où l'on tue des millions de canards.

On voit encore, ſur la côte de Bayes, les reſtes d'une maiſon que Cicéron appelloit ſon académie, & où il compoſa pluſieurs ouvrages, auxquels il donna le titre d'Académiques. Les délices de Bayes étoient ſi renommés, qu'Horace diſoit : *Nullus in orbe locus Baiis prælucet amœnis*; & que Séneque & Properce accuſent le ſéjour de Bayes de porter les Romains à la molleſſe & même à la débauche, par les plaiſirs que ce ſéjour leur offroit. Il falloit que dans ce temps-là l'air eût plus de ſalubrité qu'il n'en a aujourd'hui. Les fievres regnent ſouvent dans ces cantons, & ſur-tout vers Bayes. Toute la côte & les environs de Naples abondent en eaux thermales, à chacune deſquelles on attribue la propriété de guérir de quelque maladie particuliere. Les hommes ſeroient immortels, ſi les effets répondoient aux annonces des ſpécifiques. On trouve, à peu de distance du Pausilippe & du chemin de Pouffol, les bains de *San-Germano*, où les Napolitains vont, sinon se guérir totalement, du moins se délivrer des principaux accidens du mal qu'ils nomment *francese*, que nous qualifions de *mal de Naples*, & que, pour n'offenser personne, il suffit d'appeler par son nom, tout simplement la vérole. Cependant, en rendant à chacun ce qui lui appartient, Naples en est certainement la métropole, qui a malheureusement des colonies partout; mais il n'y a point de pays où l'on en voie des effets si terribles.

On passe, en allant de Naples à Pouffol, par un chemin d'un mille de longueur, creusé au travers de la montagne du Pausilippe. La longueur est de neuf cents soixante pas; la largeur est inégale & de dix-huit à vingt pieds; la hauteur de quarante à soixante. Les ouvertures des deux extrêmités & une au milieu ne suffisent pas, comme on peut se l'imaginer, pour éclairer une si grande étendue de chemin. On y marche donc dans l'obscurité; de sorte que les conducteurs des voitures qui viennent d'un côté, & ceux qui viennent de l'autre, se crient réciproquement, dès qu'ils s'entendent, de serrer à droite ou à gauche, pour ne se pas heurter en se rencontrant. J'ai traversé plusieurs fois le Pausilippe ; & lorsque c'étoit avec myladi Orfort, deux coureurs avec des flambeaux étoient toujours à la tête des chevaux, & nous tenions les glaces levées pour nous garantir d'une poussiere fine & très-incommode, comme je l'ai éprouvé en traversant le Pausilippe en cabriolet.

J'allois de temps en temps me promener au Vésuve, au pied duquel myladi avoit une maison de campagne très-agréable. Cette montagne pousse toujours en l'air une colonne épaisse de fumée mêlée d'étincelles, quand le volcan est le plus tranquille. Ce qui n'empêche pas qu'elle ne soit parfaitement cultivée jusques au milieu de sa hauteur, sur-tout en vignes qui donnent l'excellent vin de *lacryma Christi*. Dans les éruptions, la lave en torrent de feu liquide entraîne les vignes, les arbres & les maisons. Lorsque par la suite des temps, la lave refroidie a été couverte d'une croûte de cendres, & des terres portées par les vents & liées par la pluie, on seme, on plante & l'on construit de nouveau. On trouveroit, en creusant, dans plusieurs endroits, des couches de lave couvertes les unes par les autres, entrecoupées de lits de terres qui ont été cultivées.

Après être descendu dans Herculane, j'examinai les différentes fouilles qui s'y font; & ce qu'on en retire, prouve que c'étoit une ville assez considérable pour que le luxe y régnât. Ce qu'on y a trouvé de plus curieux, a été transporté & rangé dans plusieurs pieces du palais de Portici, bâti sur les ruines d'Herculane. On est étonné que les Romains, qui avoient des bouteilles de verre, n'aient pas imaginé de le planer, pour en faire des vîtres au-lieu de leurs pierres émincées, qui ne pouvoient transmettre qu'une foible lumiere, sans laisser voir les objets. Mais on doit considérer que les hommes, devant presque toujours au hasard les plus singulieres découvertes, n'y ajoutent que peu de choses par leurs seules lumieres, & que la propriété d'un corps la plus voisine de celle qu'ils connoissent déja, est long-temps à se manifester. Témoin, sans sortir du sujet, les vîtres qui sont au plus du quatrieme siecle, quoique le verre fût connu & employé à divers usages avant la fin de la république. Témoin, encore les lunettes postérieures de tant de siecles à l'emploi du verre, sans parler des différentes propriétés de l'aimant, qui n'ont été successivement observées qu'à des siecles de distance. Je ne doute pas que nos descendans ne tirent de l'électricité, phénomene de nos jours, un parti qu'ils s'étonneront que nous n'ayons pas apperçu.

Le roi d'Espagne, Charles III, étant encore sur le trône de Naples, a fait graver les principales antiquités tirées des fouilles d'Herculane, & son fils qui lui a succédé à Naples, fait continuer cet ouvrage, dont il y a déja cinq volumes. On a beaucoup écrit sur Herculane ; mais personne n'a rien donné de si savant & de si instructif que l'abbé Winkelman, le plus habile antiquaire que j'aie connu. Il étoit en cette qualité attaché au pape, & fort communicatif; je prenois à Rome grand plaisir à converser avec lui. Il avoit consenti à une correspondance avec moi, & j'ai appris avec la plus vive douleur le crime qui nous l'a enlevé. L'impératrice reine l'avoit appellé à Vienne pour y mettre en ordre un cabinet d'antiquités. Elle lui donna, à son départ, pour retourner à Rome, des marques de sa générosité. Un scélérat, frere d'un évêque d'Italie, proposa à Winkelman de l'accompagner, & l'assassina dans une auberge à Trieste. Le malheureux fut arrêté & roué; mais cette justice ne console pas de la perte d'un homme généralement estimé.

On attribue communément au tremblement de terre, & à l'éruption de 79 sous Titus, le bouleversement d'Herculane, & l'on s'appuie de la seizieme lettre du sixieme livre de Pline. Mais il me reste une difficulté que j'ai proposée dans une de nos assemblées de l'académie des belles-lettres, & à laquelle on n'a pas satisfait. Conçoit-on que Pline qui, dans cette lettre, parle de Misene & de Retine qui ne sont là que des circonstances locales, ne nomme pas même Herculane, l'objet principal de cet événement?

Deux lieues plus loin étoit Pompéïa qui a eu le même sort qu'Herculane, & qu'on a découverte depuis quelques années en travaillant à la terre. Le hasard a fait que la fouille s'est faite précisément à l'entrée de la ville; de sorte qu'en suivant la rue on pourroit la découvrir entiérement, & passer de celle-là aux autres avec d'autant plus de facilité, que ce ne sont que des champs & des vignes, & qu'on n'auroit point à respecter des bâtimens comme à Herculane, sur les ruines de laquelle est le palais de Portici.

Les éruptions s'annoncent avec tant d'éclat, que les habitans des lieux qui sont menacés du cours de la lave, ont le temps de fuir & d'emporter leurs plus précieux effets. Aussi n'a-t-on trouvé dans Herculane

Herculane que très-peu d'or ou d'argent. J'ai vu des bouts de galon d'or formés de petites lames plates, treffées comme de la toile de treillis, fans avoir été roulées fur un fil ou une foie. Il s'y eft trouvé, dit-on, quelques pierres précieufes & pas un diamant. Ce qui prouve que les habitants ont toujours le temps d'éviter d'être enfevelis fous les ruines, c'eft le peu d'offemens qui fe font trouvés à Herculane. Dans la confternation, où chacun ne penfe qu'à foi, on a pu abandonner des malades.

La même chofe fe remarque encore à Pompéïa, où l'on n'a trouvé jufqu'aujourd'hui des crânes & des os que dans un feul endroit ; & mes obfervations fur le lieu m'ont perfuadé que c'étoient ceux des prifonniers aux fers & abandonnés. J'y ai vu des reftes de chaînes & de trophées d'armes peints fur les murs, qui annoncent une prifon militaire.

Une autre objet de curiofité eft l'ifle de Caprée, à huit lieues fud & en face de Naples. Ce lieu eft célebre par la vie débordée qu'y menoit Tibere, fi tout ce qu'en dit Suétone eft vrai. Caprée en eft la capitale ou plutôt la feule ville ; car on ne peut en donner le nom à quelques villages. Il en faut excepter Anacapri, fitué fur une montagne. Un An-

G

glois, nommé le chevalier Torol, très-asthmatique, après avoir essayé de tous les cantons de l'Italie dont l'air conviendroit le mieux à son état, ne se trouvant soulagé nulle part, passa dans l'isle de Caprée. A peine eut-il passé quelques jours à Anacapri, que sa respiration devint plus libre. Résolu de s'y fixer, il fit bâtir, sur la hauteur, une maison agréable où il a vécu trente ans, occupé de l'agriculture & délassé par l'étude. Le premier meuble, dont il se fournit pour adoucir sa solitude, fut une jeune & belle fille, dont il eut trois garçons qu'il envoya à Londres, dès qu'ils furent en âge de s'instruire dans le commerce, chacun avec mille guinées. Il est mort en 1766, laissant à sa compagne sa maison avec deux mille livres de rente, & le reste de son bien à ses enfans. Son habitation étoit une espece de petit fort où l'on arrivoit par un escalier taillé dans le roc, défendu par deux petites pieces de canon, & pour garnison, des domestiques, dont le bien-être dépendoit du sien & de la durée de sa vie, sans aucun espoir de legs particulier. Il leur a cependant laissé des récompenses sur lesquelles ils ne comptoient pas. Il étoit d'ailleurs aimé & estimé dans l'isle. Si ce n'est pas là un sage, qu'on le cherche ailleurs.

Si la fécondité du sol d'un pays étoit ce qui excite l'ambition des conquérans, je ne serois pas étonné que le royaume de Naples eût été exposé à de fréquentes invasions. Ce ne seroit pas, comme en certains cantons de l'Amérique, se battre pour des arpens de neige. Je ne connois point de terroir si fertile & où la végétation soit si forte que dans toute l'étendue de l'état Napolitain. Mais sans attribuer aux princes le desir de régner, pour concourir avec la nature à rendre un peuple heureux, je ne vois point, dans l'histoire, de royaume qui ait passé sous tant de maîtres différens. Il y en a très-peu qui y soient nés. On ne seroit donc pas surpris que les Napolitains n'eussent pas, pour leur prince, un attachement bien vif. Ils se piquent cependant d'une grande fidélité; & l'on n'en doit pas douter, si l'on s'en rapporte à un auteur qui a donné à son ouvrage le titre de dix-huitieme révolution de la très-fidele ville de Naples.

Malgré la fertilité des terres, la disette des grains s'est fait assez souvent sentir par la mauvaise administration, qui est à cet égard à Naples comme à Rome, où le gouvernement s'établit marchand de bled. La circulation est tellement gênée, même dans l'intérieur du royaume, par des loix gothiques & abſurdes, qu'une province eſt dans la diſette, dans le temps qu'une autre eſt ſurchargée de grains. On a vu les Hollandois en fournir à la terre de Labour, la plus fertile de l'Europe, & qui auroit pu être approviſionnée par d'autres provinces, ſi le gouvernement avoit plus d'intelligence. La nature donne les vivres, & les hommes font la famine. Il n'y en a peut-être jamais eu qui n'ait été factice, & pour les trois quarts, l'ouvrage du gouvernement. Il en ſera toujours ainſi dans un état où le miniſtere ne comprendra pas que la meilleure & la ſeule adminiſtration du commerce des grains, comme de tout autre, eſt de ne s'en point mêler.

Le marquis Tanucci, principal miniſtre de Naples, eſt bien loin de ſoupçonner les vrais principes de l'adminiſtration. Né d'une famille honnête dans la bourgeoiſie, il étoit profeſſeur de droit à Piſe, dans le temps que Dom Carlos, aujourd'hui roi d'Eſpagne, étoit en Toſcane. Un criminel s'étant réfugié dans un couvent, on n'oſa violer l'aſyle, mais on le fit bloquer; de maniere que les moines ne pouvant recevoir aucune proviſion, furent obligés de livrer le priſonnier. Ils crierent au ſcandale, & tous leurs pareils faiſant chorus, on voulut faire examiner la nature du droit d'afyle, & l'on chargea de cette commiſſion le profeſſeur Tanucci. Il y a des droits que l'examen ſeul devroit anéantir, & M. Tanucci n'eut pas de peine à prouver l'abus de celui des moines. Dom Carlos fut ſi content de l'ouvrage ſur les aſyles, que, paſſant ſur le trône de Naples, il emmena l'auteur avec lui, & en fit ſon miniſtre. Etant depuis monté ſur le trône d'Eſpagne, en 1759, en cédant à ſon fils celui de Naples, il y a laiſſé M. Tanucci chargé de toute l'adminiſtration ; de ſorte que juſqu'ici, (en 1767) rien ne ſe fait à Naples, que par les ordres de l'Eſpagne, ſur les conſeils du même miniſtre. Je le crois un honnête homme avec les meilleures intentions; mais je doute fort qu'il ait les talens du miniſtere. Il pourroit bien n'être qu'un légiſte ; & l'expérience prouve que ceux qui n'ont chargé leur mémoire & occupé leur eſprit que du poſitif des loix, ſont de tous les hommes les moins propres au gouvernement.

On peut lui reprocher la mauvaiſe éducation qu'il fait donner au jeune roi. Son gouverneur, le prince Saint-Nicandre, l'homme le plus borné de la cour, le fait élever dans la plus groſſiere ignorance. Il ſemble même que ce ſoit le plan qu'on s'eſt fait. On lui ôta un jour des mains,

G iij

comme un livre dangereux, les mémoires de Sully, qu'un honnête imprudent lui avoit procurés, & qui en fut reprimandé. C'étoit un jésuite allemand qui lui enseignoit le françois ; ainsi du reste. Ce jeune prince ne parle encore que l'Italien du peuple, par l'habitude d'entendre plus souvent que d'autres, les valets qui le servent. Or, le Napolitain est mêlangé de quantité d'expressions des différens peuples qui ont occupé cet état.

Quand je fus présenté au roi, je ne lui trouvai qu'un air de bonté avec l'embarras d'un enfant, car il ne me dit pas un mot. J'avois reçu un autre accueil du roi & de la reine d'Angleterre, qui, chaque fois que je leur faisois ma cour, me faisoient l'honneur de m'adresser la parole sur ce qui m'étoit personnel. Il est vrai qu'ils n'avoient pas été élevés par le prince de St. Nicandre.

Le roi de Naples a montré par plusieurs traits qu'il étoit susceptible d'une autre éducation que de celle qu'il a reçue. Dans la derniere disette qu'il y eut, ayant ouï parler de la misere du peuple, il proposa à son gouverneur de vendre ses tableaux & ses bijoux, pour en donner le prix aux pauvres. Le prudent gouverneur remontra avec beaucoup de dignité à son éleve, qu'il ne devoit pas disposer ainsi de ce qui appartenoit à la couronne, & ce fut tout ce qu'il crut devoir lui dire dans cette occasion. Le jeune prince a déja senti & fait connoître ce qu'il pense du peu de soin qu'on a eu de l'instruire. L'empereur & le grand duc étant à Naples avec la reine leur sœur, & la conversation ayant tourné sur l'histoire & d'autre matieres, le roi étonné d'entendre sa femme & ses beau-freres traiter des sujets qu'il ne comprenoit pas plus que s'ils eussent parlé une langue étrangere, se tourna vers le prince de St. Nicandre. Il faut, lui dit-il, que vous m'ayez bien mal élevé, pour que je ne sois pas en état de converser avec des princes & même une princesse de mon âge. Les pensions ont été conservées au gouverneur en le renvoyant, & c'est avec raison; il y a des gens dont il faut plutôt payer l'inaction que les services.

Ma présentation au roi donna lieu à une tracasserie. Nous n'avions alors à Naples, ni ambassadeur ni sécretaire d'ambassade. Le consul de France, M. Astier, homme de mérite, étoit seul chargé de nos affaires, *incaricato*, & en cette qualité, traitoit avec le ministere Napolitain. Le roi passoit le carnaval à Cazerte, à six lieues de Naples, où il revenoit quelquefois pour voir l'opéra, & où je l'avois vu suffisamment le jour même de mon arrivée. Je ne pensois donc point à faire le voyage de Cazerte pour lui être présenté. Cependant le cardinal Orsini, protecteur par interim, des églises de France, depuis la mort du cardinal Sciarra Colonne, & qui se trouvoit alors à Naples, me fit dire par myladi Orfort, qu'ayant déja présenté des François au roi, il m'offroit la même faveur. Je priai myladi de le remercier de ses bontés pour moi, & de lui dire que je ne croyois pas devoir en profiter, ni me faire présenter par tout autre que par le ministre de ma nation. Le cardinal me fit l'honneur d'insister sur ce que nous n'avions point d'embassadeur ; à quoi je répondis que l'*incaricato* étant accrédité pour les affaires, étoit plus que suffisant pour une aussi petite fonction que celle de présenter un simple voyageur François, & si peu important. Le même jour M. Astier vint me trouver & me demander que ce fût lui qui me présentât. Je lui dis que j'avois prévenu l'offre qu'il vouloit bien me faire, & ce qui venoit de se passer à l'égard du cardinal Orsini. En conséquence il écrivit au prince St. Nicandre, pour le prévenir que nous nous rendrions à Cazerte, le jour où le roi reçoit les ambassadeurs & les personnes qui lui sont préfentées. Myladi Orfort, amie du marquis Tanucci, & qui vouloit aller le voir, m'offrit de me mener à Cazerte. Mais je la priai de me permettre de m'y rendre avec M. Aftier, puisqu'il devoit être mon conducteur chez le roi, d'où j'irois, après ma préfentation, la trouver chez le miniftre qui m'avoit invité à dîner avec elle. Nous partîmes donc en même-temps, elle dans fon carroffe & nous dans le nôtre. Mon premier foin, en arrivant au château, fut d'aller avec M. Aftier à l'appartement du prince St. Nicandre, faire la vifite d'ufage en pareille occafion. Nous ne le trouvâmes point, ou il fe fit celer; ce qui fe paffa me le perfuade. Cependant, pour ne manquer à rien, nous laiffâmes un billet dans lequel nous lui marquions le fujet de notre vifite. De-là nous nous rendîmes au dîner du roi, à qui l'on eft préfenté quand il fe leve de table. Les ambaffadeurs y affiftoient; j'étois connu de tous, & particuliérement du comte de Kaunitz, miniftre de l'empereur, & de M. Hamilton, miniftre d'Angleterre, qui, prévenus de ce qui m'amenoit, me firent placer près d'eux avec M. Aftier, en face du roi. Un moment après, le prince St. Nicandre tirant à part M. Aftier, lui dit qu'un fimple chargé d'affaires n'avoit pas le droit de présenter, & que si je voulois être présenté, ce devoit être par un des ambassadeurs qui étoient là. Je n'entendis rien de cette discussion ; mais M. Astier se rapprochant de nous, me la redit, & ajouta que c'étoit un dégoût qu'on vouloit lui donner comme consul, & auquel je n'avois aucune part. MM. de Kaunitz & Hamilton qui l'entendirent, m'offrirent à l'instant d'être mes présentateurs. Je regardai si je ne pourrois pas m'échapper ; mais il n'y avoit pas moyen, sans faire une forte d'éclat. J'avois derriere moi deux ou trois cercles de courtisans ; le roi pendant son dîner m'avoit remarqué ; ne pouvoit pas douter, en voyant un inconnu à côté des ministres, que ce ne fût une présentation ; & comme dans ce moment il se levoit de table, MM. de Kaunitz & Hamilton me présenterent.

Au sortir de chez le roi j'allai chez un homme plus puissant que lui, son ministre, le marquis Tanucci, qui, prévenu de ma visite, me fit l'accueil le plus poli & me retînt à dîner, ainsi que M. Astier : Myladi Orfort y étoit déja. Les ministres étrangers & beaucoup de courtisans arriverent successivement, de sorte qu'il y avoit plusieurs tables. M. Tanucci me plaça à la sienne qui étoit de douze couverts. Je m'y trouvai avec Myladi, précifément à côté du cardinal Orfini. Deux jours avant de partir pour Cazerte, j'avois paſſé à ſon palais pour le remercier de ſes offres, & lui expliquer moi-même les motifs qui m'empêchoient de profiter de l'honneur qu'il vouloit me faire. Ne l'ayant pas trouvé chez lui, je lui réitérai, avant de nous mettre à table, & dès le moment que je l'apperçus, les remerciemens que je lui avois fait faire. Il me parut ſatisfait de mes raiſons & me combla de bontés. Le dîner fut fort bon & ſervi en gras, quoique nous fuſſions en carême; le P. Déodat, capucin de Parme, & le meilleur prédicateur de l'Italie, le prêchoit alors devant le roi de Naples. C'eſt un homme d'eſprit, de très-bonne compagnie, gai & même gaillard, &, ce qui prouve ſon mérite, aimé & eſtimé de M. du Tillot, miniſtre de Parme. Je l'avois connu à Rome où je dînois quelquefois avec lui chez le Bailly de Breteuil, & nous nous étions pris de goût l'un pour l'autre. L'ayant rencontré dans les rues de Naples, il fit arrêter mon carroſſe, pour me dire, en termes gais, mais très-énergiques, le peu de cas qu'il faiſoit des Napolitains. On ſait que les capucins ſont par leur inſtitut obligés de ne voyager qu'à pied, à moins qu'ils ne rencontrent quelques voitures à vuide, où l'on veut bien les recevoir; or M. du Tillot avoit toujours soin d'en faire trouver une que le P. Déodat rencontroit à la porte de la ville, & qui étoit supposée retourner à vuide au lieu où il avoit affaire.

Pour revenir à M. Tanucci, il me fit mille politesses pendant le dîner, & porta ses attentions jusqu'à ordonner qu'on ne me donnât que du vin de France, croyant que je n'aimerois pas ceux du pays. Quand on se leva de table, ce ministre, au-lieu de s'échapper, comme les nôtres font depuis quelques années, par un escalier dérobé, resta au milieu de la compagnie qui avoit dîné chez lui, pour donner audience à ceux qui avoient quelque chose à lui communiquer. Voulant retourner le jour même à Naples, & avoir beaucoup de témoins de ce que je me proposois de lui dire, je m'empressai de lui faire mes remerciemens de l'accueil qu'il m'avoit fait, & ajoutai, d'un ton à être entendu de tout ce qui étoit présent, qu'à l'égard de M. le prince de St. Nicandre, il ne me trouveroit plus écrit chez lui; mais que je ne répondois pas qu'il ne se trouvât écrit chez moi, c'est-à-dire sur mes papiers, attendu que je faisois des observations sur tout ce qui me paroissoit le mériter, & que M. de St. Nicandre n'étoit pas fait pour être oublié.

M. Aſtier fut aſſez content de ce propos.
L'aſſemblée & M. Tanucci même ne purent
s'empêcher de ſourire, ce qui me
fit voir qu'on avoit généralement la même
opinion dudit prince de St. Nicandre.
M. Aſtier ne manqua pas de mander à
notre cour la mauvaiſe difficulté qu'on
lui avoit faite ſur les préſentations, & il
a été décidé que tout homme accrédité
pour les affaires, feroit auſſi toutes les
autres fonctions dans l'abſence de notre
vrai miniſtre. M. Aſtier devoit d'autant
plus être étonné du peu de conſidération
qu'on lui témoignoit, qu'il en avoit eu
beaucoup en Hollande, où il étoit conſul
avant de venir à Naples en cette qualité.
Tel eſt l'effet de la différence des
mœurs & des gouvernemens. En Hollande,
le commerce eſt en honneur, eſt
l'ame de la république; un conſul doit
donc y être conſidéré. A Naples, où il
y a peu de commerce, où les princes,
duc, comtes & marquis font un peuple,
un conſul y eſt regardé comme un marchand.
Un prince Napolitain ne ſoupçonne
pas qu'il y ait à Londres & à
Amſterdam des commerçans qui ne feroient
aucune comparaiſon de leur état
avec celui de certains Italiens décorés de
titres de princes. Un de ces petits ſeigneurs,
qui, en arrivant à la bourſe

d'Amsterdam, n'eût pas excité la moindre attention pour lui, auroit été fort étonné d'entendre en même-temps tous les vaisseaux marchands, de différens pavillons & de toutes nations, saluer de leurs canons le commerçant *Legendre de Colandre*, qui entroit dans le port, comme ils auroient fait pour le stadhouder. Ce Legendre étoit pere des Colandre, Berville & Megremont, morts lieutenants-généraux de nos armées. Autre pays, autres mœurs. J'ai observé celles de Naples autant qu'un étranger le doit & le peut faire chez un peuple où il ne passera pas sa vie. J'ai connu parmi les grands des hommes fort estimables; mais ceux qui m'ont paru les plus instruits sont les gens de palais, qu'on nomme les *Paillettes* à cause de leurs chapeaux de paille.

A l'égard du bas peuple, la crapule, la fainéantise, l'ordure, la filouterie forment son caractere. Je ne parle point de sa superstition, parce qu'elle est nationale, & se trouve plus ou moins dans toutes les classes. Il est pourtant remarquable que, dans un état feudataire de Rome, l'inquisition soit dans une telle horreur qu'il seroit aussi dangereux de tenter de l'établir à Naples qu'à Londres. Il y a même un tribunal chargé de veiller à ce qu'il ne s'introduise dans tout autre, aucune forme de procédure qui tînt de celle de l'inquisition. C'est une arme de moins entre les mains des gens d'église, qui ne peuvent joindre la terreur à la séduction, dont ils tirent assez d'avantages ; car ils n'ont pas moins de crédit à Naples qu'à Rome sur les esprits. Les jésuites, avant leur expulsion, y étoient aussi puissans qu'ailleurs. Il y a peu d'années qu'un certain P. Pépé, un des grands frippons de sa compagnie, avoit pris un tel ascendant sur l'esprit du peuple, qu'il balançoit l'autorité du roi, & pouvoit souvent l'obliger de fléchir. Il avoit l'insolence de se laisser baiser la main par Dom Carlos. Les femmes du plus haut rang ont, en Espagne, cette bassesse pour des moines ; mais aucun n'avoit jamais été assez impudent pour l'espérer d'une tête couronnée. La duchesse de Saint-Pierre, Françoise, dame d'honneur de la reine d'Espagne, m'a dit qu'en sortant un jour avec la reine d'un office chez les dominicains, le prieur vint conduire cette princesse ; que toutes les dames du palais baiserent respectueusement la manche de ce moine qui, voyant que la duchesse ne les imitoit pas, s'avança vers elle, en lui présentant la manche ; qu'elle le regarda, le repoussant avec le mépris qu'il méritoit ; & que là-dessus il eut l'insolence de la traiter de *gavache*.

Le P. Pépé avoit sur le peuple un pouvoir plus absolu que le roi. Les ministres conseillerent à ce prince de l'éloigner de Naples, en le chargeant de quelque commission honorable pour la cour de Madrid, où l'on pourroit le retenir. Le jésuite n'en fut pas la dupe, & ne voulut pas quitter une ville où il régnoit. Il feignit cependant de recevoir la proposition avec reconnoissance; monta en chaire au sortir du palais, sous prétexte de faire ses adieux. Il les fit si pathétiques, que tout l'auditoire fondit en larmes. Il saisit ce moment pour s'écrier : puisque vous me perdez avec tant de regrets, mes enfans, qui d'entre vous consent à me suivre ? Ce ne fut qu'un cri dans l'assemblée. Tous le supplierent de ne les pas abandonner, ou jurerent de le suivre. Il les assura qu'il étoit si sensible à leur attachement, qu'il alloit supplier le roi d'honorer tout autre de la commission pour l'Espagne, & qu'il ne partiroit pas sans un ordre absolu. Le coquin de moine vint, d'un air affligé & d'un ton hypocrite, rendre compte au roi de ce qui se passoit, & le supplier d'attendre du moins que cette fermentation fût calmée, parce que, disoit-il, elle pourroit être dangereuse. Le droit du jeu étoit de jetter le jésuite par les fenêtres; mais ce jeu-là n'est pas permis dans un tel pays; de forte que le roi fut obligé de prendre pour bonnes les excuses du fourbe, qui resta maître du champ de bataille.

Le pere Pépé étoit un grand thaumaturge; il annonçoit tous les jours quelque miracle de sa façon. Il vendoit au peuple & aux paysans de petits papiers bénis de sa main, dont la vertu étoit de faire pondre les poules, qui auroient très-bien pondu sans cela, & auxquelles on les faisoit avaler; mais par-là chaque œuf devenoit un miracle, sans ceux qu'il faisoit d'ailleurs. Si cela ne prouvoit pas un frippon fort ingénieux, cela marquoit un peuple bien imbécile. Cependant il en tiroit tant d'argent, qu'il en avoit fait élever une pyramide du plus beau marbre & du plus mauvais goût. Il eût un chagrin quelque temps avant sa mort qui en fut peut-être la suite; ce fut de voir tomber ou partager son crédit, par un frippon du même acabit, mais de robe différente : le pere Roch, dominicain. Il est bien humiliant pour des princes, d'être obligés de compter avec de tels sujets, dont la plupart porteroient leurs livrées, s'ils n'avoient pas pris celle de moine. J'en ai rencontré à Naples, chez les plus grands seigneurs, où ils donnoient le ton. Cela ne se verroit pas à Paris, où je n'ai jamais trouvé de moines mendians dans aucune maison, pas même chez la bonne bourgeoisie. J'en excepte les jésuites, qui, ayant le confessional du roi, & chargés de l'éducation de la principale noblesse, étoient reçus par-tout. Mais je suis persuadé que, sans être chassés du royaume, s'ils eussent seulement perdu le confessional du roi & les colleges, réduits à leur état de mendians, comme ils le sont par leur institut, ils ne se feroient pas plus facilement recrutés que les autres, & n'auroient pas été plus considérés.

Les religieux rentés en France, sortent communément d'une honnête bourgeoisie, paroissent peu dans le monde, & sont, malgré beaucoup de plattes déclamations, plus utiles à l'état qu'on ne le pense. Ce seroit la matiere d'un bon mémoire économique. Je suis étonné qu'aucun d'eux ne se soit avisé de le faire. Je m'en occuperai peut-être un jour.

Cette classe de religieux n'a pas, en Italie, sur le peuple, le même ascendant, & dans les affaires la même influence que les mendians, quoique la plupart, m'a-t-on dit, soient, du moins dans le royaume de Naples, des cadets de noblesse. Peut-être la grandeur des établissemens a-t-elle préservé de l'esprit d'intrigue des religieux, qui jouissent d'une solide opulence. Il étoit naturel que le besoin fût le premier aiguillon des moines mendians, les mit en action, & que l'habitude de séduire pour le nécessaire, leur ait inspiré l'ambition de travailler plus en grand. Ils ont si bien réussi, qu'ils influoient autrefois dans toutes les affaires des états catholiques, entroient dans les négociations, sont encore aujourd'hui un des appuis de la cour de Rome, & y sont considérés. Ils l'ont aussi beaucoup été jadis en France, où ils ne peuvent, depuis long-temps, intriguer que dans le peuple.

La superstition ayant toujours été le grand ressort de leur politique, il doit agir en raison de leur crédit, & avoir plus de force en Italie qu'ailleurs. Mais ce n'est pas dans les couvens seuls qu'on entretient la superstition. C'est dans la cathédrale de Naples, entre les mains de l'archevêque, à la grande satisfaction des petits & des grands, que s'opere, deux fois l'an, la prétendue liquefaction du sang de St. Janvier. Il seroit difficile d'établir dans la cathédrale de Paris ce miracle périodique, à l'égard du chef St. Denis, dont la légende est à-peu-près pareille à celle de St. Janvier. On a mis plus de merveilleux dans les circonstances du martyre de St. Denis; mais dans ces légendes, le plus ou le moins n'eſt pas fort important; d'ailleurs le miracle n'eſt qu'en récit, & l'on ne riſqueroit pas aux yeux des François de la capitale, un miracle à répétition, qui ſeroit ſûrement un ſujet de ſcandale pour les ſages, & de dériſion pour les autres.

Il n'en eſt pas ainſi à Naples. La conſternation y ſeroit très-grande & preſque générale, ſi la liquéfaction ne s'opéroit pas. Auſſi eſt-il très-rare qu'elle manque, & cela n'eſt arrivé que lorſqu'on a eu intérêt de ne pas le vouloir. Par exemple, lorſque dans la guerre de la ſucceſſion nous étions maîtres de Naples, & que M. d'Avarey y commandoit, la ſaiſon du miracle arriva. Les Napolitains coururent à l'égliſe par dévotion; les François, par curioſité; & M. d'Avarey s'y tranſporta pour maintenir l'ordre & contenir l'indiſcrétion Françoiſe. Il ſavoit que les Napolitains ne nous aimoient pas, nous voyoient avec peine maîtres chez eux, & que l'archevêque étoit tout dévoué à la maiſon d'Autriche. Il le prouva dans cette occaſion. La fiole du ſang de Saint Janvier étoit déja entre ſes mains, & il l'agitoit depuis un quart-d'heure ſans que la liquéfaction voulut ſe faire. Le peuple, après avoir prié Dieu d'intercéder auprès de Saint Janvier pour en obtenir ce miracle, sans qu'il se fît, commençoit à murmurer, & en accusoit les François, comme hérétiques dont la présence étoit un obstacle aux faveurs du ciel. Cette fermentation croissant par degrés, pouvoit avoir des suites violentes. Les troupes étoient peu nombreuses en comparaison des habitans. Un grenadier, en toute autre circonstance, en auroit imposé à cent bourgeois; mais si le fanatisme venoit à enflammer les esprits, le dernier du peuple auroit affronté cent grenadiers. M. d'Avarey, prenant un parti prompt, envoya un de ses gens dire à l'oreille de l'archevêque, qu'il eut à faire sur le champ le miracle, sinon qu'on le feroit faire par un autre, & que lui archevêque seroit aussi-tôt pendu; & le miracle se fit.

La superstition, la débauche, la crapule, regnent assez généralement parmi le peuple de Naples. Il est assez plaisant de voir sur la place un bateleur rassembler auprès de ses traiteaux une foule de badauts, & à quelques distance de-là, un moine qui, monté sur une escabelle, un crucifix en main, prêche une pareille assemblée; de sorte que les deux orateurs s'enlevent alternativement le même auditoire, suivant le degré de leur éloquence.

La quantité de gens de palais qui vivent à Naples, me feroient croire que la chicane n'y est pas aussi ignorée que les bons principes d'administration. Les calculs les plus modérés portent de vingt-cinq à trente mille le nombre de ceux que la justice ou la chicane fait vivre à Naples. On n'en sera pas étonné, quand on saura que tous les tribunaux du royaume, & même de la Sicile, ressortissent au premier tribunal de justice de Naples, où toutes les causes peuvent se porter par appel.

On ne prendroit pas une idée fort avantageuse de la justice civile, si on en jugeoit par la maniere dont s'exerce la justice criminelle. J'y ai vu beaucoup de galériens, dont la plupart auroient été pendus ailleurs. Je suis fort loin d'approuver les rigueurs dont on use ailleurs, où il semble que le code des loix pénales n'ait été rédigé que par les puissans & les riches; mais je n'adopterois pas tous les principes du traité *des délits & des peines*, & je l'ai dit à l'auteur même, le marquis de Beccaria. Peut-être n'y auroit-il aucuns supplices à proscrire; il suffiroit qu'ils fussent en proportion avec les délits, qu'il y eût plus de gradations, & qu'on distinguât les fautes & les crimes.

On ne taxera pas de trop de févérité la juſtice de Naples ; les priſons ſont communément pleines de malfaiteurs ; il y a ſouvent juſqu'à deux mille priſonniers, & l'on voit peu d'exécutions à mort. Il fallut, il y a peu d'années, le cri public pour faire pendre un fils qui avoit tué ſon pere, & qui fut un an en priſon avant qu'on ſongeât ſérieuſement à inſtruire ſon procès. Un ſcélérat s'étant introduit chez un jouailler, par le moyen d'une ſervante avec laquelle il couchoit, ſaiſit le temps de l'abſence du maître pour égorger cette fille, avec qui il avoit paſſé la nuit, & emporta les plus précieux effets de la maiſon. On l'en avoit vu ſortir le matin, on l'arrêta, les bijoux ſe trouverent chez lui. Son procès n'eut pas duré quatre jours en France, & lorſque j'étois à Naples, il y avoit déja huit mois qu'il étoit en priſon. Sur l'étonnement que j'en témoignois à un homme fort inſtruit des mœurs & des coutumes de Naples, il me dit que ce ſcélérat pourroit bien reſter en priſon tant que lui ou ſa famille pourroit, en payant, ſuſpendre les pourſuites. Le jouailler avoit recouvré ſes effets, & le public oublioit l'affaire qui n'intéreſſoit plus perſonne. Naples auroit beſoin d'un duc d'Oſſone, qui, pour établir l'ordre & la police dans ce royaume, faisoit pendre des coquins, & trancher des têtes nobles.

Pour peu qu'on examine le caractere général du peuple Napolitain, on n'est plus étonné de la fainéantise de la canaille, dont la ville est pleine. Les légumes, les fruits, le poisson commun, & ordinairement le pain, y sont à si bas prix, qu'il est facile d'y subsister. Les salaires, à la vérité, y sont, comme par-tout, en proportion avec les vivres; mais le peuple est si sobre, que trois journées de travail le font vivre pendant huit jours sans rien faire; & les distributions aux portes des couvens font encore un supplément. Je n'ai vu aucun pays où les vivres fussent à si bon marché.

Comme les gages des domestiques sont par-tout une mesure assez juste du prix des vivres, on peut les prendre pour regle, quand on n'a pas le temps d'entrer dans un examen détaillé. Or, les valets n'ont par mois, pour gages & nourriture, que six ducats, valans 24 livres de France, dans les meilleures maisons de Naples, & il y en a beaucoup au-dessous de ce prix là (1).

Etant

_____

(1) La livre de compte de Naples vaut 2 carlins, le carlin 10 grains, monnoie de cuivre,

&

Étant resté à Naples plus de temps que je ne me le proposois en y arrivant, j'arrêtai une chaise pour retourner à Rome, par la même voie que j'avois prise pour venir à Naples. Mais avant de partir, je voulus employer quelques jours à voir & remercier les personnes dont j'avois reçu le plus d'accueils, tels que M. Hamilton, le comte de Kaunitz & autres. J'allai chez le comte de Kaunitz le jour de

---

& il faut 24 grains pour faire la livre tournois de France. Le ducat, monnoie de compte, vaut 10 carlins.

La livre de poids de Naples est de douze onces, qui n'en font que dix & demi de France, poids de marc ; ainsi cent livres de France, font cent cinquante-deux livres de Naples.

L'once, monnoie d'or de Naples, vaut 30 carlins ou 12 livres de France, à 8 sous le carlin.

Le sequin romain vaut, à Naples, 25 carlins, le Florentin 26, & le Vénitien 27.

La mesure d'étendue est la canne, qui est de huit palmes, & quatre palmes & demie font l'aune de Paris ; 56 palmes un quart, font cent aunes.

La mesure la plus ordinaire des liquides, est le baril, qui contient soixante-trois caraffes du pays, faisant quarante pintes de Paris. Le meilleur vin, celui du Vésuve, coûte de 5 à 6 ducats, monnoie de compte de Naples ; le ducat est de 10 carlins, valant 4 livres de France. Le baril du *lacrima-christi* revient donc de 20 à 24 livres.

L'argent est à Naples à quatre pour cent, & & le Mont-de-Piété prête à six.

H

son assemblée, & dès que la comtesse m'apperçut, elle vint au-devant de moi avec toutes les marques de bonté, dont elle m'honoroit, en me disant, comme une nouvelle fort agréable, que l'abbé de Caveirac étoit arrivé à Naples, & l'étoit venu voir. Comment, lui dis-je, madame, est-ce qu'un tel maraud est venu chez votre excellence! Pourquoi non, me dit-elle, un peu embarrassée? C'est, répondis-je, qu'il vient d'être chassé de Rome, après s'être enfui de France pour éviter le carcan. Ce début de ma part ayant attiré l'attention de la compagnie, j'expliquai ce qu'étoit l'abbé de Caveirac. Né avec de l'esprit, & un caractere souple, il écrit avec facilité, & n'ayant aucuns principes, il adopte aisément ceux qui peuvent lui convenir, suivant les circonstances. Les premiers essais de sa plume furent dans l'affaire du P. Girard, & de la Cadiere. Les rieurs n'étant pas pour les jésuites, Caveirac se décida contre eux, & fit sans mission des factum extra-judiciaires, en faveur de la Cadiere, pour amuser les plaisans. Voyant ensuite que le parti opposé aux jésuites & à la constitution ne produiroit pas grand chose, il se retourna de leur côté. Les déserteurs d'un parti étant toujours bien reçus dans l'autre, il est bientôt devenu un apôtre chez les constitutionnaires.

A l'égard de son ouvrage sur la Saint-Barthélemi, on ne peut pas dire absolument que c'en soit une apologie. L'auteur seroit trop mal-adroit. Son objet est d'en rejetter l'horreur sur l'ambition des princes, & d'en disculper les ecclésiastiques. Le premier article peut être vrai ; mais le second est trop démenti par les faits, & par le caractere connu de ceux qu'il voudroit justifier. Aujourd'hui même que le fanatisme est bien diminué, il est rare d'entendre un ecclésiastique s'élever contre la Saint-Barthélemi, qui pourroit un jour faire autorité.

Caveirac s'étant fait agent des jésuites, de l'archevêque & du parti, il hasarda, contre l'arrêt d'expulsion des jésuites, quelques brochures qui déplurent au parlement ; &, aussi prudent que Crispin, qui n'aime pas les affaires avec la justice, il sortit de France & se réfugia à Rome. C'étoit-là qu'il avoit établi son bureau de correspondance avec les évêques ultramontains de France. Associé avec le prélat Giacomelli, secretaire des brefs aux princes, il en fournissoit la matiere : Giacomelli les mettoit en latin, & ils partageoient ensemble l'argent que leur envoyoient ceux de nos évêques qui vouloient être honorés de ces brefs. L'union de ces deux honnêtes gens fut un jour altérée sur la part que chacun prétendoit aux gratifications. Ils donnerent une scene publique, & se traiterent réciproquement de frippons, sans être contredits par aucun des assistans. L'intérêt les avoit désunis; l'intérêt les réunit. Ils virent qu'ils avoient besoin l'un de l'autre pour leurs opérations, & ne s'estimant ni plus ni moins qu'avant leur brouillerie, ils se réunirent & travaillerent ensemble de plus belle à fomenter le schisme en France. Ils avoient pour antagoniste un abbé Dufour, aussi honnête homme qu'eux, lequel concouroit au même but, en servant le parti contraire. Il étoit l'agent des jansénistes. Ces trois boute-feux en firent tant, que notre ministre en fut instruit, & demanda au pape de chasser de Rome les abbés de Caveirac & Dufour. Tous deux en conséquence reçurent, le même jour, l'ordre de partir; mais le premier ayant des amis au palais, en fut secrétement prévenu assez tôt, pour avoir le temps de faire une collecte chez les zélés de son parti, dont il tira une somme considérable.

Pour l'abbé Dufour, agent des jansénistes, il ne fut averti que le jour même où il falloit partir; & quand il l'auroit été plutôt, je ne crois pas qu'il eût obtenu grand chose des jansénistes. Ce n'est pas qu'il n'y en ait à Rome ; mais ce ne sont pas, comme en France, des janfénistes parlementaires, opposés aux prétentions papales. Personne, à Rome, ne contredit l'infaillibilité du pape, & ne paroît douter de l'excellence de la constitution ; mais les jésuites & leurs amis traitent de janfénistes leurs adversaires, & tâchent de les faire passer pour hérétiques. L'abbé Dufour n'étoit pas stipendié par ceux-ci, & ne recevoit rien que des janfénistes parlementaires de France. Ces deux boute-feux, chassés de Rome le même jour, auroient pu prendre ensemble la même route ; mais Caveirac n'avoit garde d'approcher de France. Il se rendit à Civita-Vecchia, demanda & obtint la permission d'y rester jusqu'à ce que la mer fut praticable ; c'étoit en décembre. Pendant ce temps-là, il fit agir les dévotes de France auprès de nos ministres, pour qu'il lui fût permis d'aller à Naples ; ce qui ne fut pas difficile à obtenir. Il étoit libre de se retirer où il voudroit, pourvu qu'il fortît de l'état ecclésiastique ; c'étoit obtenir, comme M. de Sotenville, la permission de faire le voyage d'outre-mer, puisque notre ministre n'avoit aucun droit de l'envoyer à Naples, ni ailleurs, chez une puissance étrangere. Le seul but de Caveirac étoit donc de gagner du temps, & d'obtenir, à force d'intrigues, de rentrer dans Rome. Il écrivit une lettre encyclique à ces dévotes de France. Tout le parti fut en l'air, & le pape vivement sollicité pour rappeller ce saint apôtre. Il sembloit que ce fût saint Cyprien chassé de Carthage. Le nonce Colonne, qui arrivoit de France, & qui, recevant le chapeau, avoit pris le nom de cardinal Pamphile, fut employé dans cette négociation, & y mit, contre son caractere, tant de chaleur, que le pape, excédé de cette persécution, dit en parlant de Pamphile : cet indolent ne s'est jamais remué que cette fois-ci, & c'est pour une sottise ! Le saint pere ne se laissa point séduire : Caveirac partit pour Naples, en vertu de la permission qu'il avoit demandée, & qu'il appelloit un ordre.

Tel fut le compte que je rendis du caractere & de la conduite de Caveirac à la comtesse de Kaunitz, en présence de l'assemblée. La comtesse, qui apparemment tenoit un peu au parti, mais sans chaleur, me pria de ne plus parler de Caveirac, & m'invita à dîner pour le lendemain. Comme j'avois à-peu-près dit l'essentiel, il ne me fut pas difficile de lui promettre de n'en plus parler ; & je me contentai, en acceptant le dîner, d'ajouter que je me flattois du moins que l'abbé de Caveirac n'en feroit pas; à quoi elle confentit en fouriant.

Depuis mon retour en France, j'ai fu que le miniftere de Naples avoit obligé Caveirac d'en fortir, & qu'il s'eft retiré à Livourne, où fes talens lui font affez inutiles.

N'ayant plus rien qui m'arrêtât à Naples, j'en partis le famedi 21 mars, fuivant la même route que j'avois prife pour y venir, & faifant exactement les mêmes journées. J'arrivai à Rome, le mercredi 25, jour de l'Annonciation, avant midi, par le plus beau temps. Je marque cette petite circonftance, parce que la beauté du jour ajoutoit beaucoup à celle de la cérémonie qui fe faifoit. C'étoit l'affemblée d'environ deux cents filles, qui, vêtues de ferge blanche, & couronnées de fleurs, fe rendoient proceffionnellement à une églife, où le pape & les cardinaux affiftoient à une meffe, après laquelle on diftribua des dots de 300 liv. à ces filles du peuple, foit pour aider à les marier, foit pour les faire religieufes; avec cette différence, que la dot eft double pour celles qui prennent le parti du cloître. Plufieurs confrairies, ou affociations, font, de temps en temps, les mêmes charités, avec autant d'oftentation & avec auffi peu d'intelligence politique dans un pays où la dépopulation est frappante. Un bon gouvernement dirigeroit bien différemment les charités, en supprimant les dots destinées au cloître, pour en augmenter celles des mariages. N'y a-t-il pas assez de célibataires par état, dans un peuple où toutes les dignités sont ecclésiastiques ? L'ambition d'y parvenir mine sourdement les familles nobles. Cette espece de castration destructive de tous les peuples catholiques par le monachisme, l'est encore plus dans l'état ecclésiastique que dans les autres, puisqu'elle y est honorée, & une condition nécessaire des honneurs & des dignités.

Quoique j'eusse, sinon épuisé, du moins satisfait ma curiosité sur Rome, il y auroit eu de la singularité à la quitter aux approches de la semaine sainte, temps où les cérémonies qu'on nomme *fonctions*, y attire un grand concours d'étrangers. J'ai tant vu de fêtes & de cérémonies civiles ou ecclésiastiques, que je ne dois pas en être fort touché. J'ai cependant trouvé beaucoup de pompe & de dignité dans celles dont on a le spectacle à Rome, & sur-tout à Saint-Pierre. Je fus principalement curieux d'assister à la *fonction* du jeudi saint. Ce jour-là, 16 avril, fut un des plus beaux du printemps. Les troupes de la garde du pape, infanterie & cavalerie, bien vêtues, formoient, dans la place une enceinte, dont le milieu étoit rempli de peuple. Après avoir vu les cérémonies de l'église, je me rendis sur la place au-dessous du balcon sur lequel on porte le pape. Le chevalier de Modene, commandant de la garde Avignonaise, m'ayant mis auprès de lui, je découvrois la multitude qui inondoit la place, & j'étois à portée d'entendre la lecture de la bulle *in Cœnâ Domini*, & de voir les formalités de l'excommunication que fulmine le pape, en jetant, du haut de son balcon, un cierge qui s'éteint en tombant sur le perron. Le pontife donne, aussi-tôt après, au bruit du canon, des tambours, des trompettes, & des acclamations des troupes & du peuple à genoux, sa bénédiction, & une absolution consolante, aux fideles coupables & répentans des cas énoncés dans la bulle. Il y en a tant, que je ne crois pas qu'il y ait qui que ce soit, qui, de maniere ou d'autre, n'ait encouru l'excommunication. Le pape lui-même, en s'examinant bien sur le passé, pourroit n'en avoir pas toujours été exempt. La lecture de la bulle se fait en latin, par un cardinal-diacre; en italien par un prélat qui, je crois, est un auditeur de Rote, à si haute & intelligible voix, que l'élévation de la tribune n'empêche pas qu'un très-grand nombre, dont j'étois, au-deſſous près du périſtile, ne puiſſe l'entendre. Le bon Clément XIII, en donnant ſa bénédiction, ne put retenir ſes larmes : j'en remarquai beaucoup dont les yeux ſe mouilloient, & l'émotion d'une grande aſſemblée eſt ſi contagieuſe, qu'il y a peu de gens, quel que ſoit leur ſentiment ſur le fonds de la choſe, qui ne ſe ſentent émus dans ces occaſions. Cela me rappelle qu'étant en Hollande, à une aſſemblée de quakers, avec un François d'une imagination vive, auſſi-tôt que le tremblement les eut ſaiſis, je le vis ſortir : je le ſuivis pour en ſavoir la raiſon ; il me dit que s'étant apperçu que le tremblement des quakers alloit le gagner lui-même, comme le bâillement d'un ſeul ſe communique à toute une compagnie, il étoit ſorti pour n'y pas ſuccomber.

La bulle *in Cœna Domini* tire ſon nom du jour où elle ſe lit, le jeudi ſaint, qui eſt la célébration de la cene, & non des premier mots de cette bulle, comme on le croit vulgairement, parce que les autres reçoivent ainſi leur dénomination ; telles que les bulles *Clericis laicos, unam ſanctam, in eminenti, vineam Domini ſabaoth, unigenitus, &c.* ; & celle dite *in Cæna Domini*, est la réunion de plusieurs données par différens papes, dont aucune ne commence par les mots sous lesquels on la désigne. Paul II, (Barbo Vénitien) en donna une en 1469, qui commence ainsi: *Consueverunt prædecessores nostri romani pontifices annis singulis in die cæna Domini*, &c. termes qui supposent que l'usage n'étoit pas nouveau. Cette bulle ne contient que des excommunications vagues contre ceux qui étoient coupables de grands crimes. Les papes suivans insérerent dans cette bulle annuelle, différens articles relatifs à leurs prétentions; & dès 1510, le concile de Tours déclara qu'elle ne pouvoit être admise en France.

La premiere de cette espece qui ait été apportée en France, où elle fut imprimée, pour la premiere fois, dans *la Pratique bénéficiale de Rebuffe*, est celle de Paul III, (Farnese) en 1536.

Elle commence encore par ces mots: *Consueverunt romani pontifices*, & contient vingt-quatre articles. Celle de Paul V, (Borghese) en 1610, commence par ces mots: *Pastorales pontificis romani vigilantia*, & contient trente articles, qui, en rappellant les causes d'excommunication de la premiere, y en ajoutent encore d'autres. Urbain VIII, (Barberin) en 1627, commence comme Paul V. *Pastoralis*, &c. avec autant d'articles. Ces trois bulles, dont chacune aggrave la précédente, finissent toujours par menacer les contrevenans de l'indignation de Dieu, & réservent l'absolution au pape seul.

On est étonné que les papes aient osé les hasarder dans des temps si peu reculés, & aussi impunément qu'ils l'auroient fait dans le onzieme siecle. Mais on est indigné que même, depuis le concile de Tours, des évêques François aient eu, en 1580, la témérité de publier celle de Paul III : ce qui donna lieu à un autre concile, commencé à Tours, & fini à Angers en 1583, de la proscrire de nouveau. Cependant un archevêque d'Aix eut encore, en 1612, l'insolence de publier la bulle de Paul V, plus forte que les premieres.

Si les princes catholiques souffrent encore, sans rompre avec Rome, qu'on y publie annuellement cette bulle, ce ne peut-être que par mépris ; & le pape devroit, aujourd'hui, s'abstenir de jouer une pareille comédie. Il y a en effet des articles si ridicules, qu'un homme sensé ne peut les entendre sans rire ; & la pompe de la cérémonie, loin d'en prévenir la dérision, y ajoute encore. Par exemple, le second paragraphe excommunie les pirates qui infestent les mers de l'état ecclésiastique : *Qui mare nostrum discurrere præsumunt*, &c. Comment peut-on retrancher de la communion de l'église des gens qui n'en sont point ? Aussi n'y a-t-il jamais eu ni Saletin, ni Algérien qui soit allé se faire absoudre à Rome.

Je ne m'arrête pas sur les autres cérémonies de la semaine sainte, qui ont de la majesté, mais qui sont décrites partout. Je remarquerai seulement que Rome m'a rappellé, dans ce temps de redoublement de pratiques dévotieuses, l'idée que je m'étois formée de la cour & de Paris, sous le regne de Henri III; c'est-à-dire, que dans Rome, où le libertinage, disons mieux, la débauche & la crapule font partie des mœurs nationales, la dévotion, ou ce qu'on nomme ainsi, s'allie à tout. Si l'on excepte la valeur militaire, que rien n'altéroit parmi nous, & qui ne fait pas le caractere de la Rome moderne, ses habitans sont les François du regne de Henri III. On ne voit à Rome, dans la semaine sainte, que des processions de pénitens, pieds nuds & couverts d'un sac, qui vont en stations d'une extrémité de la ville à l'autre, à travers les boues, sur un pavé inégal, & souvent par un très-mauvais temps, & assez froid pour que plusieurs en rapportent des fluxions de poitrine. Les variations de température, dans la saison où se trouve la semaine sainte, sont si fréquentes ; qu'un jour ne répond pas à l'autre. Nous en avions un d'été le jeudi saint, & le vendredi, nous eûmes pluie, grêle & un vent glacial. Ce n'est pas, comme ailleurs, le bas peuple seul qui forme ces processions de va-nud-pieds ; les plus grands de Rome sont attachés à quelques confrairies, & en remplissent les devoirs. Un jeune homme de la plus grande espérance, & l'unique héritier de sa maison, revint d'une de ces dévotes caravanes, avec une fievre qui le mit au tombeau.

Un spectacle du même genre est celui des *caravites*, dévotion imaginée par un jésuite nommé Caravita. Une grande chapelle, appartenante aux jésuites, est le lieu de la scene : c'est-là que tous les vendredis, aux approches de la nuit, se rend une troupe de flagellans. La chapelle n'étant éclairée que par deux cierges placés sur l'autel, on n'a de lumiere que ce qu'il en faut pour ne se pas heurter les uns contre les autres. Au pied de l'autel est un crucifix, couché à terre, que chacun va baiser en entrant, avant d'aller se placer dans une des files, qui se forment à mesure que les dévots arrivent. Quand l'assemblée est complete, un homme, portant une corbeille remplie de disciplines, en distribue dans tous les rangs qu'il parcourt, comme on le pratique pour le pain béni dans nos paroisses. Dès que tout est en armes, un jésuite fait une exhortation sur le mérite de la pieuse flagellation qui va se faire; il cache ensuite, sous l'autel, les deux cierges, & les ténebres régnent dans la chapelle. Bientôt après on entend, pendant l'espace d'un *miserere*, un bruit pareil à celui d'un ouragan mêlé de vent & de grêle, par les coups redoublés de tant de flagellans. Un silence de quelques minutes succede à cet orage, pour leur donner le temps de se r'habiller, si toutefois ils se sont réellement mis à nud; car il ne m'a pas paru que les deux temps qu'on donne l'un avant, l'autre après la flagellation, fussent assez longs pour se dépouiller ou pour se revêtir. Je soupçonne que les plus fanatiques se rendent à la chapelle les épaules nues sous leurs manteaux, qu'ils peuvent quitter ou reprendre en un moment, & que les moins sots viennent, par hypocrisie, s'y faire voir, & profiter de l'obscurité pour se frapper sur le manteau. Aussi-tôt que le jésuite a fait reparoître la lumiere, le distributeur des disciplines va les reprendre de rang en rang, & chacun se retire édifié, battu & content. Garrik, le Roscius de l'Angleterre, & si excellent pantomime, à son retour d'Italie, & avant mon voyage, m'avoit fait un tableau si plaisant de cette farce dévote, que j'eus la curiosité de la voir. J'y allai deux fois: la premiere, je m'adressai à un jésuite, qui, sachant qui j'étois, & ne me jugeant pas propre à être un des acteurs de la scene, me plaça fort honnêtement dans une tribune, pour en être spectateur. La seconde fois fut le vendredi saint, jour où il devoit y avoir un redoublement de dévotion & de coups de discipline. Nous y allâmes ensemble sept à huit François, & nous nous plaçâmes au dernier rang, au bas de la chapelle, avec l'humilité qui convenoit à des profanes comme nous; car les Italiens n'ont pas une grande idée de la religion des François, & ils ne pouvoient pas nous méconnoître, attendu que nous étions tous en grand deuil avec pleureuses, pour la mort de madame la dauphine. Cependant on nous présenta, comme aux autres, des disciplines, dont on supposoit bien que nous ne ferions pas d'usage; mais c'étoit toujours une galanterie qu'on nous faisoit, & nous la reçûmes poliment.

Quand on vint, après l'expédition, recueillir les disciplines, au-lieu de rendre les nôtres au distributeur, nous les gardâmes ; mais nous lui donnâmes chacun un paole, dont il fut aussi content qu'édifié.

Il y a dans la semaine sainte un jour destiné aux femmes, pour cette fustigation, avec la différence qu'elles font sur leurs fesses ce que les hommes exécutent sur leurs épaules. J'ignore quels péchés elles prétendent expier par-là ; mais ce ne doit pas être un préservatif contre l'aiguillon de la chair, si l'on en croit l'auteur du traité, *de usu flagri in re venereâ*.

Il est singulier que dans toutes les religions il y ait eu des associations de fanatiques qui se soient imaginé qu'il y eût d'autres moyens de plaire à la Divinité que la pratique des vertus, & qui se persuadent que le suicide étant un crime, se détruire en détail soit un acte méritoire. Il me semble qu'une idée plus noble & plus juste de Dieu, est de croire qu'il nous donne les biens pour en user sans abus. Je dis sans abus, parce qu'on ne peut en abuser, sans nuire à sa conservation, & que celle de notre être & les moyens de notre bien-être, sans donner atteinte à celui d'autrui, sont dans les vues de Dieu. Ainsi, les macérations, la castration physique ou religieuse, les flagellations, &c. sont des absurdités, & seroient des crimes, si ce n'étoient pas des folies.

Mais je m'apperçois que je m'érige en prédicateur, ou anti-prédicateur, ce qui revient au même. Pour en avoir moins d'occasions, sortons de Rome. J'en partis le mardi d'après Pâques, 21 avril, par le plus beau jour de printemps, dans une chaise de voiturin, mon domestique à côté de moi, & muni de provisions de bouche, attendu la connoissance que j'avois des auberges. J'avois cependant fait mon marché pour le souper, que le voiturin devoit me fournir; mais ce n'étoit que pour m'assurer du gîte, & je le quittai toujours de sa bonne chere. Trois autres chaises étoient occupées par des prieurs dominicains, qui se rendoient à un chapitre à Boulogne, & faisoient la même route que moi. Comme nous entrions dans la belle saison, je préférai le voiturin à la poste. Voyageant ainsi à petites journées de 10 à 12 lieues, je jouissois du plaisir de voir mieux la campagne, d'en examiner les différentes cultures, & de mettre de temps en temps pieds à terre, pour marcher dans les plus beaux endroits, & me délasser d'être assis. De plus, étant déja assez avancés dans les grands jours, nous partions si matin, que nous arrivions de bonne heure à la couchée. Ajoutez une halte de deux heures pour dîner, le voyage n'est, dans le printemps, ni fatiguant ni désagréable. Le seul avantage de la poste est d'éviter quelques mauvais gîtes; mais étant muni de provisions, je ne me trouvois point mal. J'étois même utile à mes compagnons de voyage, qui étoient d'assez bonnes gens, par d'excellente huile d'Aix, que je leur donnois pour des salades & des omelettes; car on ne trouve souvent dans les auberges de route, excepté dans les villes, que des œufs & des herbages, avec de l'huile détestable. Aussi myladi Orford, & M. d'Aubeterre m'avoient-ils obligé d'en recevoir de la leur à Naples & à Rome. Dans les villes principales, nos ministres & autres, tels que le comte Durazzo, ambassadeur de l'empereur à Venise, le comte d'Ericeyra, ministre de Portugal, ont toujours garni ma chaise de quelques provisions qu'ils savoient devoir m'être utiles, & me rendoient agréables à mes compagnons de voyage, à qui j'en faisois part.

La route de Rome à Florence est de cinquante lieues, & se fait, par les voiturins en cinq jours. Les lieux où l'on s'arrête, soit pour dîner ou se rafraîchir, soit pour coucher, sont Monterose, Ronciglione, Viterbe, Montefiascone, où je fis, comme à mon premier passage, honneur au *moscatello*.

En partant de Montefiascone, on cotoie, pendant trois lieues, le lac de Bolzene, qui en a sept de tour, & de forme presque ronde. Ses flots sont quelquefois aussi agités que ceux de la mer, au point que la navigation y est dangereuse. Je l'avois vu dans cet état en allant à Rome. Il y a deux isles vers le milieu : Bisentina & Martana. C'est dans celle-ci que Théodat fit transporter & étrangla, dit-on, lui-même, Amalazonte, reine des Goths, sa cousine-germaine, fille de Théodoric, & à qui il devoit la couronne. Cette princesse, mariée à Eutharic, & devenue veuve avant la mort de Théodoric, régna pendant huit ans avec gloire sous le nom de son fils Athalaric. Celui-ci étant mort, elle épousa Théodat, son cousin, avec qui elle comptoit partager du moins l'autorité, & qui la sacrifia à l'ambition de régner seul. Il fut à son tour la victime de Vitigès, général de ses armées, qui le fit périr, & s'empara du trône.

Deux lieues au-delà de Bolzene, on trouve Aquapendente, derniere ville de l'état ecclésiastique, en revenant de Rome. Quelque petite qu'elle foit, elle n'en eft pas moins épifcopale. Il eft vrai que les évêchés font fort multipliés en Italie, puifqu'on y en compte deux cents cinquante-huit, & quarante métropoles, qui font deux cents quatre-vingt-dix-huit fieges, ou diocefes. Le feul royaume de Naples en a cent vingt-huit ; les états du pape, dans l'Italie moyenne, cinquante-trois, dont trois métropoles ; les états de Ravenne, Ferrare & Bologne, Parme & Modene, dix-huit ; l'état Vénitien, vingt-trois ; la Tofcane, dix-fept ; le Mildnais, dix-huit ; le Piémont, cinq ; Gênes, fix ; la Sicile, onze ; la Sardaigne, fix ; la Corfe, cinq ; Luques, un. Le pape nomme à prefque tous les archevêchés & évêchés de l'Italie ; il y en a peu dont les fouverains aient la nomination. Le roi de Naples, fur cent vingt-huit, ne nomme qu'à vingt-cinq, & à aucun de la Sicile. Le roi de Sardaigne nomme les fix de cette ifle. Le grand duc de Tofcane, préfente trois fujets pour chaque fiege, & le pape choifit. Tous les autres font à la nomination du pontife.

Les évêchés étant en fi grand nombre en Italie, il eft aifé d'en conclure qu'il y en a beaucoup d'un revenu médiocre, & d'un territoire fort borné. Auffi la plupart ne valent-ils pas nos cures du premier ni même du second ordre. On pourroit, en comparant ces prélats aux nôtres, les appeller des évêques à portion congrue. Ils ne sortent guere de leurs dioceses; c'est le corps le plus régulier de la prélature italienne. Je veux bien croire que leur résidence vient principalement de l'amour du devoir; mais je n'en soupçonne pas moins que la médiocrité de leur fortune y contribue aussi. Nous ne voyons point nos curés augmenter, par leurs équipages, les embarras de Paris.

Je partis heureusement très-matin d'Aquapendente, sans quoi j'aurois pu être arrêté long-temps, par un torrent, au pied de la montagne de Rodicofani, une des plus hautes de l'Apennin. Le lit en étoit à sec quand j'y arrivai, & je le traversai en chaise; il y avoit quelques flaques d'eau dans les endroits les plus bas, ce qui n'empêchoit pas des gens de pieds de passer, au moyen de petits détours. Mais comme l'espace que remplit le torrent, dans sa force, est fort large, je les voyois se presser, & ce n'étoit pas sans raison. Les nuages noirs qui s'assembloient, embrasserent bientôt tout l'horison, & à peine fûmes-nous passés, qu'il tomba un déluge avec des coups de tonnerre, tels qu'on les entend dans ces montagnes & entre des rochers qui réfléchissent & propagent la détonation. J'avois, en allant à Rome, éprouvé le froid le plus vif fur Radicofani, & à mon retour j'y essuyai le plus violent orage, qui dura tout le temps que nous mîmes à monter la montagne. Les éclairs effrayoient nos chevaux, & la pluie étoit si abondante, que nous étions comme dans un nuage épais, qui nous laissoit à peine voir quatre pas en avant. Le ciel enfin s'éclaircit, & nous fîmes halte à une auberge isolée, un peu au-delà du point où l'on commence à descendre.

De Rome à Florence, on ne trouve de ville considérable, que Sienne, propre & bien bâtie ; mais sa population ne répond pas à son étendue ; ce qui prouve qu'elle a été plus florissante qu'elle ne l'est aujourd'hui. La société y est, dit-on, fort aimable ; on y parle aussi purement l'italien qu'à Florence, & sans l'âpreté & l'accent guttural du florentin. J'ai même observé que les villageois des environs s'exprimoient mieux qu'ailleurs.

J'arrivai de très-bonne heure à Florence, le samedi 25 avril. Après avoir pris mon logement dans une maison très-propre, sur le bord de l'Arno, j'allai voir le marquis de Barbantane, notre ministre, avec qui je passai les trois jours que je restai à Florence. Je les employai, par le plus beau temps, à voir ce qui mérite d'être vu, & sur-tout la galerie, où l'on pourroit rester huit jours de suite sans les regretter; & l'on n'en sort qu'avec le desir d'y retourner. Il y a des détails imprimés d'une partie des choses qu'on y voit, & comme je crois l'avoir dit, je n'ai aucun dessein de copier ce qu'on lit ailleurs; j'y recours moi-même quand je veux me rappeller ce que j'ai vu, & je ne fais ce journal de mon voyage que pour ma satisfaction particuliere, & non pour l'impression.

M. d'Aubeterre avoit écrit en ma faveur à M. de Rosamberg, son ami, premier ministre du grand duc; mais quand j'arrivai, j'appris qu'il étoit parti depuis deux jours, avec le prince, pour trois semaines. J'en fus très-fâché, car j'avois principalement dessein de voir le grand duc, dont j'avois entendu des éloges qui ne m'étoient pas suspects. La plus grande des curiosités pour moi, c'est un prince digne de l'être. Il y en a assez de loués par des courtisans & des poëtes; le grand duc l'est par le peuple & les paysans; voilà les vrais panégyristes. Il vient d'affranchir les campagnes de la tyrannie de la chasse; les laboureurs ne verront plus leurs moissons dévorées par les bêtes fauves,

ves, *in exultatione metent*, & ailleurs, *e minant in lacrymis*.

Les spectacles n'ayant pas encore cessé à Florence, j'y vis l'opéra bouffon, dont la musique est agréable, & les pieces misérables. Je n'en ai guere vu d'autres en Italie. Goldoni est le premier & le seul qui ait commencé à imiter le théâtre François dans la comédie.

Je partis de Florence le mardi 28 avril, pour me rendre à Bologne, où je séjournai jusqu'au lundi au soir, 4 de mai. J'avois remarqué en passant les montagnes par où l'on arrive à Piétra-Mala, des preuves visibles d'anciens volcans, dont les éruptions sont antérieures à toutes les histoires; & il en est ainsi d'une grande partie de l'Italie. Un voyageur instruit, & tant soit peu attentif, en voit par-tout des vestiges, tels que des pierres ponces, des pyrites, des laves durcies, qu'on a prises pour des pierres de carrieres ordinaires.

Bologne est dans un plateau de la plus belle culture, & de la plus forte végétation, & la campagne étoit alors dans son état le plus brillant. La saison & le temps engageoient à la parcourir, & j'en goûtai les plaisirs. A l'égard du temps que je passai dans la ville, je l'employai exactement en homme de lettres. Ma premiere visite fut chez le vieux Zanotti, secretaire de l'institut, qui me reçut en confrere ; il me présenta à tous les professeurs, qui me comblerent d'honnêtetés. L'un d'entr'eux, nommé Pozzi, professeur de chymie, éleve de Rouelle, m'offrit d'être mon *Cicerone* dans Bologne, dont il me fit voir tout ce qui est digne de curiosité. L'institut seul suffiroit pour honorer la capitale d'un état. C'est un palais qui renferme tout ce qui concerne les sciences & les arts, astronomie, méchanique, physique, anatomie, peinture, sculpture, bibliotheque, &c. rien n'y est oublié en leçons & en modeles. La salle destinée à l'instruction des sages-femmes, est un établissement qui devroit se faire dans toutes les villes, qui peuvent entretenir un démonstrateur dans cette partie si nécessaire de l'art d'opérer. On voit dans une des salles de l'institut, des modeles en cire, de grandeur naturelle, de toutes les manieres dont l'enfant peut se présenter pour sortir de la matrice, & le professeur donne en conséquence des leçons sur la conduite que doit tenir la sage-femme dans tous les cas possibles. Les femmes étant admises dans les académies d'Italie, Laura Bassi occupe à Bologne la chaire de physique. Elle parle le françois, & c'est en latin qu'elle donne ses leçons. Il y a peu d'années que la signora Agnese, de Milan, professoit les mathématiques avec éclat. Elle s'est depuis retirée dans un couvent d'un ordre très-austere. Le comte Marsigli est le fondateur de l'institut, qui est lié à l'université & aux anciennes académies. Il y consacra sa fortune, & l'illustra par ses connoissances en tous genres. Le pape Benoît XIV, natif de Bologne, a donné à l'institut un nouvel éclat par ses bienfaits & une protection éclairée. On sait que Bologne, quoique dépendante du pape, qui y tient un légat, conserve une image de liberté & de république. Elle a un ambassadeur à Rome, & un auditeur de Rote ; elle fait battre monnoie, sur laquelle on lit, *Bononia docet* : témoignage public de son amour pour les sciences.

Le docteur Pozzi ne se contenta pas de me faire voir les palais, il me présenta aux personnes les plus considérables. Il y avoit alors à Bologne un homme, ou plutôt un personnage qui avoit joué un grand & triste rôle à la cour d'Espagne ; c'étoit le Castrat Farinelli, ce chanteur célebre. Après avoir fait connoître son talent dans les principales cours de l'Europe, il s'étoit arrêté à celle d'Espagne. Le roi Ferdinand & la reine sa femme s'étoient tellement paſſionnés pour lui, que ſa faveur éclipſoit le crédit des miniſtres. Auſſi tous les princes qui avoient à négocier à cette cour, s'adreſſoient-ils à lui, le combloient de préſens, & lui écrivoient des lettres telles qu'ils en auroient adreſſées aux Ximenès & aux Olivarès. Farinelli aſſiégé par les courtiſans, recherché par les miniſtres, décoré de l'ordre de Calatrava, ne négligea pas ſa fortune ; mais ce qui eſt ſans exemple, il ne ſe laiſſa pas enivrer de la fumée de la faveur, parut toujours modeſte, & reſpecta même les grands qui réclamoient ſa protection. Un d'entre eux lui demandant un jour ſes bontés : *Voilà*, dit-il, *des expreſſions bien fortes pour les plaiſirs que je puis faire : je vais, ſi vous le deſirez, vous chanter une ariette : c'eſt tout ce qu'un ſeigneur tel que vous peut attendre de quelqu'un comme moi.* Il diſoit quelquefois qu'il regrettoit la vie libre & vagabonde qu'il avoit menée avec ſes camarades, & que des chaînes, pour être d'or, n'en étoient pas moins peſantes. Cette façon de penſer eſt d'autant plus étonnante, que ces êtres dégradés ont la plus haute opinion de l'importance de leur talent. La nature ſemble leur avoir donné, par compaſſion & pour conſolation, la vanité la plus folle.

Cafarielli difoit, en parlant de Farinelli, qu'il avoit été premier ministre en Espagne, &, ajoutoit-il, le méritoit bien, car c'est une voix admirable. La maniere dont on traite les plus diftingués de ces caftrats, doit aussi leur tourner la tête. La feconde dauphine ayant le goût de la mufique italienne, on fit venir à Verfail-Cafarielli, à qui l'on entretint pendant fon féjour un carroffe & une table de fix couverts, traitement exactement pareil à celui du confeffeur du roi. Il ne chanta qu'une fois en public : ce fut un oratorio, dans la chapelle du Louvre, le jour de la Saint-Louis, en préfence de l'académie Françoife, & fon paiement fut une bourfe de cent jetons. Sa fatuité, en fait de bonnes fortunes, étoit une chofe curieufe. On ne pouvoit s'empêcher de rire du contrafte ■■■ fes prétentions & de fon état, qui p■■■nt n'étoit pas méprifé par certaines femmes. Une obfervation à faire par un philofophe, eft que la multitude de ces caftrats, voués & livrés uniquement à la mufique dès l'enfance, il n'en fort point de bons compofiteurs. On en doit inférer que ce dont on les prive a de grandes influences fur les facultés de l'ame.

Farinelli, dans l'opulence, tient à Bologne une bonne maifon, qui ne le fauve pas de la mélancolie. Affranchi de la cour à la mort de Ferdinand, il paroît aujourd'hui en regretter l'esclavage, comme il y regrettoit sa liberté. Il prouve, comme Buffi-Rabutin, que si la cour ne rend pas heureux, elle empêche, après une longue habitude, qu'on ne le soit ailleurs. On me proposa de me mener chez lui, mais quoique j'aie autant de pitié pour les ministres disgraciés qui prennent si vivement leur état, que d'éloignement pour ceux qui sont enivrés de leurs places, je ne crus pas devoir aller m'attrister avec Farinelli.

Je trouvai à Bologne un homme plus à plaindre qu'un vieux castrat blasé. C'étoit le marquis de Govea, oncle du duc d'Aveiro, exécuté avec une partie de sa famille, pour l'attentat commis sur le roi de Portugal. Quoique marquis de Govea voyageât chez l'étranger, lors du crime, il a été compris dans le châtiment par la perte de ses biens, & s'est fixé à Bologne, où il vit d'une modique pension que le roi d'Espagne lui fait, m'a-t-on dit, par compassion pour un innocent qui a le malheur de tenir de trop près à une famille coupable, pour pouvoir jamais rentrer dans sa patrie. Je l'avois remarqué dans un café de la place du palais, où s'assemblent, comme à Paris, les nouvellistes & les désœuvrés de la ville, & où j'allois le matin prendre du thé, entendre discourir, & me mêler de temps en temps à la conversation. J'y repassois le soir après avoir employé la journée à voir ce qui le méritoit, les savans & les personnes les plus distinguées. Il y avoit toujours dans les différentes salles de ce café un monde considérable. Le hasard m'ayant fait asseoir auprès du marquis de Govea, je vis qu'il avoit l'ordre de Christ, & que ses habits n'annonçoient pas l'opulence. Je m'informai tout bas de son nom & de ce qu'il étoit. L'ayant su, je lui fis politesse & liai conversation avec lui. Il y parut sensible, car ayant appris que j'allois à Venise, il me donna le lendemain une lettre pour un particulier, de cette ville, dont il avoit tenu un enfant avant sa disgrace, & chez qui je serois mieux qu'à l'auberge, dans le concours d'étrangers qui se rendoient à Venise pour le carnaval de l'Ascension.

Avant de quitter Bologne, je voulus faire une visite aux dominicains avec qui j'avois voyagé. Leur couvent peut être regardé comme le chef-lieu, la métropole de l'ordre, puisque c'est là que leur St. Dominique est mort, & non enterré; car on comprend bien que tout fondateur d'ordre doit être canonisé & avoir son autel & non son tombeau, depuis St. Uldaric, premiere canonisation, par Jean XVI, dans le dixieme siecle, jusqu'à notre mere de Chantal, sur qui je pourrois parler, si je n'avois pas des amies à la Visitation. Je ne fus point tenté de brûler un cierge devant le fondateur de l'inquisition, patron des incendiaires; mais j'admirai sa chapelle, & entendis d'assez bonne musique. A propos d'inquisition, on prétend qu'à Toulouse les dominicains continuent de donner à l'un de leur moines le titre d'inquisiteur. Si cela est, il n'y a rien de si étonnant que leur impudence, si ce n'est l'indulgence du parlement qui le souffre. Mais l'exemple des Calas prouve que ce tribunal est aussi fanatique qu'un moine ultramontain. Mes compagnons de voyage me firent le plus grand accueil, & me montrerent les beautés de leur maison. Je les priai de me conduire à leur bibliotheque, qui est assez nombreuse & dans un très-beau vaisseau. J'y remarquai beaucoup de bons livres. Mais le plus grand nombre est, comme dans tous les couvens, une armée de théologiens, de scholastiques, de mystiques, & de pareilles compilations. Je ne tirai aucun de ceux-là des tablettes, mais j'en ouvris plusieurs de différentes classes, & je remarquai l'attention de mes conducteurs fur ce qui attiroit la mienne.

De la bibliotheque, nous allâmes à un lieu plus intéreſſant pour les moines, au réfectoire. Ils me firent voir enſuite leur cellier; je n'en ai jamais vu de plus grand ni mieux garni. Je fus étonné d'une ſi grande quantité de vins chez une nation où je ne crois pas avoir vu un homme ivre. Il y avoit, dans une enfilade de caves, de quoi abreuver tous les chapitres d'Allemagne. On m'offrit de déjeûner; mais devant partir le jour même, & n'ayant que le temps de faire préparer mes malles, je les remerciai, & allai à mon auberge, où j'avois ordonné mon dîner.

J'avois deſſein de connoître toutes les façons de voyager en Italie; & quand ce n'eût été que pour me délaſſer des cahots de la route de terre, je voulus prendre place dans la barque du courier qui part toutes les ſemaines pour Veniſe. Je m'y embarquai donc le lundi 4 mai, à huit heures du ſoir. Cette voiture n'eſt pas chere; trois ſequins furent le prix qu'on me demanda, & que je donnai à ce courier. On vogue toute la nuit ſur différens canaux; car on paſſe de l'un à l'autre, & l'on change trois fois de barque juſqu'à Ferrare, où l'on arrive le matin. J'eus le temps, avant de dîner, de parcourir la ville, & rentrai, vers trois heures après-midi, dans une barque qu'on remorque jufqu'à cinq milles de Ferrare. Là on s'embarque fur le Pô, dans une efpece de gabare pontée, où l'on paffe la nuit ; & le mercredi 6, nous arrivâmes vers quatre heures après-midi, à la vue de Venife. Nous étions près d'entrer dans les lagunes, lorfqu'un violent ouragan nous força de jetter l'ancre ; & dès qu'il fut calmé, j'entrai avec le courier dans un canot, & quatre bons rameurs nous firent bientôt arriver dans la ville. Je pris une gondole, qui me conduifit à la maifon que le comte de Govea m'avoit indiquée. Le maître, à qui je remis la lettre du comte, me parut avoir confervé pour lui le refpect dû à la naiffance & au malheur. Il me reçut très-bien, & j'y fus mieux que je n'aurois été ailleurs, toutes les auberges étant pleines d'étrangers qui fe rendoient au carnaval de l'Afcenfion.

La barque du courier étant entrée pendant la nuit, j'eus, dès le matin, tout ce que j'y avois laiffé. Je me rendis chez M. le Blond, conful de France, qui me fit toutes les offres poffibles de fervice. J'allai de-là au palais de France, où il n'y avoit alors que M. Adam, fecretaire de l'ambaffade, qui en ufa avec moi auffi honnêtement que M. le Blond. Le marquis de Paulmy, notre ambassadeur, étoit alors en France, par congé. Mon dessein n'étant pas de faire des liaisons avec des Vénitiens, que je ne devois jamais revoir, mais de satisfaire ma curiosité sur le matériel d'une ville unique dans son genre, j'en trouvai toutes les facilités. Le comte Durazzo, que j'avois fort connu à Paris, se trouvoit alors ambassadeur de l'empereur à Venise. Ayant su, par quelques François, que je devois arriver, je ne fus pas plutôt descendu à mon logement, que j'en reçus un message, pour me faire compliment, & m'inviter à venir souper avec lui. Je voulus m'excuser sur ce que j'étois en habit de voyage, & ne pouvois en cet état me présenter devant madame l'ambassadrice, dont je n'avois pas l'honneur d'être connu, & que le lendemain je me rendrois à leur palais. Je reçus un second message de la comtesse, qui me fit dire qu'en quelque état que je fusse, elle me prioit de venir. Je m'y rendis, & dès ce moment, M. Durazzo fut mon principal guide pour parcourir Venise. Son palais, sur le grand canal, est magnifique, & meublé du meilleur goût. Il tient une excellente maison, dont il fait parfaitement les honneurs, & dont l'ambassadrice, grande, belle & bien faite, est le principal ornement. Il a de plus, sur la place St. Marc, un *casin* meublé avec élégance, où il se renferme les soirs avec sa société particuliere, & où il m'admit. Les Vénitiens les plus opulens & hommes de plaisir, ont aussi leurs *casins*, qui répondent à ce que nos gens à la mode appellent leurs *petites maisons*.

Quand j'aurois voulu former quelque liaison avec des Vénitiens, il suffisoit de connoître leurs loix & leurs mœurs, pour juger que cela n'eût pas été possible, après celle que j'avois formée avec des ministres étrangers, que j'avois trouvés chez le comte Durazzo. J'en ai cependant vu de la premiere classe de la république, & en ai même reçu beaucoup d'accueil; mais ils étoient dans ce moment en nombre considérable à une fête qu'ils donnoient au duc de Wurtemberg, & où je fus présenté. Sans cette circonstance, aucun de ces nobles ne m'auroit parlé tête à tête.

On sait combien le gouvernement Vénitien est soupçonneux, & combien chaque citoyen noble ou citadin, craint de lui être suspect. Nul gouvernement n'est si despotique ni si sévere que cette aristocratie. La noblesse forme collectivement un despote, dont chaque noble faisant une petite portion intégrante, est individuellement esclave. Il n'y a point de sultan plus redoutable qu'un despote immortel. Sans troupes, sans garde apparente, l'ordre subsiste dans Venise, sous l'aîle de la crainte de l'inquisition d'état. Tout est fait pour l'inspirer. Les procuraties offrent de toutes parts des troncs sous la forme de masques de lion, avec des inscriptions qui, sous le titre de *denoncie secrete*, invitent les passans à dénoncer ténébreusement & sans crainte de recherche, ce qu'ils savent ou croient, ou veulent faire croire de contraire au gouvernement. Tous les sujets de délation sont articulés sur différens marbres. La premiere idée d'un étranger est, qu'on doit être dans une inquiétude continuelle, au milieu d'une foule d'espions contre-espionnés. Cependant le peuple, proprement dit, n'est, ou ne se peut croire en aucun lieu plus libre qu'à Venise. On conviendra, je crois, que l'être le plus libre est celui qui peut, sans la moindre contrainte, satisfaire tous ses desirs. Voilà exactement l'état du peuple, & sur-tout, celui du bas peuple Vénitien. Ses jouissances sont en proportion avec ses desirs, & ses desirs avec ses moyens. Borné aux seuls besoins physiques, ses idées ne vont pas plus loin. Il ne desire que ce qu'il fait, & fait tout ce qu'il desire. Il peut se livrer à tout ce qu'une police plus sévere, sur les mœurs, peut défendre ou modérer ailleurs. Le gouvernement a grand soin que la ville soit abondamment pourvue de vivres, & à un prix proportionné aux salaires. Le peuple a de plus une opinion de lui qui affermit son attachement & son obéissance au sénat, & dont son imagination est flattée : il se regarde comme l'appui & le défenseur de ses maîtres.

J'eus bientôt la preuve qu'un étranger, dès son entrée dans Venise, sans être contraint sur ses plaisirs, n'en est pas moins observé par le gouvernement. Peu de jours après mon arrivée, je fus présenté au duc de Wurtemberg, qui m'invita aux fêtes qu'on lui donnoit; & dès le soir j'allai à une des assemblées, dont plusieurs des principaux nobles faisoient les honneurs. La conversation s'engagea entre eux & moi, & je vis qu'ils savoient déja les lieux que j'avois parcourus, tels que les procuraties, l'arsenal, &c. Ils me demanderent si je ne séjournerois pas tout le temps du carnaval d'été, pour voir la régate, fête qui se donne rarement, & dont on préparoit le spectacle pour le prince. Cette régate est une course de gondoles sur le grand canal, avec des prix pour les vainqueurs. Des femmes & des filles font admifes à les difputer; & j'en vis fur de petits radeaux de planches, étroits, allongés & à fleur d'eau, parcourir en peu de minutes toute l'étendue du canal. Les concurrens pour les prix s'exerçoient journellement, & j'en avois fi fouvent été témoin, que je ne devois pas être fort curieux du vrai concours. Ma curiofité, fur des objets plus importans, étant fatisfaite, je ne comptois pas m'arrêter pour de fimples fpectacles. Je répondis à ceux des nobles qui me preffoient de refter, que mon congé de voyage étant limité, j'étois obligé de retourner en France. Sur quoi un d'entr'eux me dit obligeamment, qu'il étoit tenté de me dénoncer aux inquifiteurs d'état, pour me faire prolonger mon féjour.

Le duc de Wurtemberg étoit depuis quelques mois à Venife, & fe propofoit de s'y arrêter encore. Son goût pour les fêtes, les fpectacles & les autres diffipations de cette nature, l'avoit engagé dans de fi prodigieufes dépenfes, que les adminiftrateurs de fes états travailloient alors à le mettre dans une efpece de tutele. A l'égard de fon féjour à Venife, il ne lui étoit pas fort onéreux.

Lorfque des princes d'un certain rang fe trouvent à Venife, fans garder *l'incognito*, le fénat nomme quelques-uns de fes membres pour les accompagner & subvenir à la dépense. Telle est la politique de cette aristocratie, qu'elle charge des postes & des emplois les plus onéreux, ceux de ses membres qu'une opulence marquée peut rendre suspects de vouloir se distinguer trop de leurs égaux. Ceux à qui elle confie des gouvernemens, *regimenti*, leurs ambassadeurs même dans les différentes cours, ne reçoivent rien, ou reçoivent peu de la république. Elle a de plus l'attention de consulter à la fois & la capacité & la fortune de ceux qu'elle charge d'une fonction. Si la longue durée de la constitution d'un état étoit la preuve de sa meilleure forme d'administration pour le bonheur des sujets, Venise l'emporteroit sur tous les autres. Cette question feroit un problême politique à résoudre.

Il n'étoit pas naturel, qu'étant personnellement attaché au roi, par ma place, je n'allasse pas à Parme faire ma cour à son petit-fils. Je partis, dans ce dessein, de Venise, à minuit, le samedi 16 mai, par la barque de Modene. Les cahots qui m'avoient fatigué sur plusieurs routes, me faisoient préférer les voitures par eau, où j'avois la faculté de lire & d'observer, aussi bien que par terre, les pays que je traversois. On change de barque à la Polesine, où l'on soupe pendant le déménagement. Le patron me fournissoit un matelas, de façon que je me trouvois encore mieux dans la chambre de la barque, que dans les lits dégoûtans des auberges de Rome à Naples. Nous dînâmes, le dimanche, dans une auberge, sur le bord du canal. On arrive le lundi, vers cinq heures du matin, à Pontelago, où le courier s'arrête quelque temps, pour laisser ou prendre des envois. On passe, vers onze heures, du Pô dans le Panaro, & l'on dîne dans la barque. On arrive vers dix heures du soir au Final, dans le Modenois. On y passe la nuit, & le mardi matin, un commis vient, moins faire la visite de la barque & des malles, que recevoir quelques paoles, que le courier m'avertit de donner, & que je lui fis donner, sans même le regarder, l'argent étant la seule politesse que ces sortes de gens exigent. Quatre lieues avant d'arriver au Final, à Bondino, j'avois remarqué un pont de trois arches, nouvellement construit. Les culées, la base des deux piles & les parois extérieurs des ceintres, sont de pierre; le reste est en brique. Ce pont fait, & très-bien fait, a été en trois mois, par économie, aux frais des communes des environs, & n'a coûté que 45 mille écus romains, qui font à-peu-près 80 mille livres de notre monnoie. Cette légere dépense une fois faire, en épargne au pays une infinité d'autres de détails journaliers, dont la masse étoit plus onéreuse, sans compter les embarras & les longueurs dans la circulation du commerce, & la communication des denrées. On ne voit nulle part exécuter aussi promptement, & à si peu de frais qu'en Italie, des entreprises, soit de constructions solides, soit de décorations. Le théâtre de Saint-Charles à Naples, dont la cage & les escaliers sont en pierres, a été construit en moins d'un an, & celui de Paris en a exigé dix.

Le mardi 19, je dînai, soupai & passai la nuit dans la barque; mais dans le cours du voyage j'en sortois pour me promener, en la côtoyant, dans les lieux où le paysage & la vue étoient le plus agréables dans cette belle saison. Il falloit que le patron fût content de moi, & que je ne lui fusse pas onéreux, car il me donna toujours du café après mon dîner; ce qui n'étoit pas du marché. Il n'y avoit avec moi de passagers qu'un marchand de Parme, avec sa femme & un enfant de six mois, qu'elle allaitoit. Elle étoit grande, d'une taille dégagée, jeune & assez jolie. Le mari, d'environ trente ans, étoit bien de figure, & avoit eu de l'éducation; car il connoissoit passablement les auteurs latins. Une mere tendre, jeune, & allaitant son enfant, dont elle prenoit le plus grand soin, étoit pour moi un tableau intéressant. Je lui fis cependant quelques représentations sur la maniere dont elle soignoit son enfant. Cette petite créature, emprisonnée dans son maillot, crioit souvent. La mere n'y savoit autre chose que de lui présenter le teton, ou de lui donner de la thériaque. Je lui en vis prendre le premier jour près d'une demi-boîte. Cela me fit penser que cet électuaire n'est pas aussi échauffant qu'on le suppose, sans quoi l'enfant auroit eu les entrailles brûlées par un si fréquent usage. Mais cela ne me persuada pas que ce fut un bon régime. Je dis à la mere de le dégager de son maillot, & attendu la douceur du temps, d'essayer de le laisser nud avec toute la liberté de ses petits membres. Elle le fit, & l'enfant ne cria plus. Elle & le mari, d'après l'expérience, me remercierent du conseil. Je crois que, dans la suite, la mere aura supprimé la thériaque & les entraves, & que dans les temps moins doux, elle se sera bornée à couvrir & envelopper son enfant, sans l'emmailloter. Je desire qu'elle ait indiqué à d'autres une méthode si simple.

Le mercredi 20, nous arrivâmes à Modene à portes ouvrantes, par le plus beau temps, & très-chaud. La ville me parut riante & aſſez propre. Sans vouloir contredire ceux qui la qualifient de fangeuſe, je me contenterai, à ce ſujet, d'une réflexion que les voyageurs m'ont fait faire. Ils décident communément du climat, de la température, du beau ou du mauvais temps, ſuivant celui qu'il faiſoit quand ils paſſoient en différens lieux, & en font l'état habituel. Malheur aux villes qu'ils ont traverſées par la neigne, la pluie ou la grêle !

Depuis ſix heures du matin juſqu'à cinq heures du ſoir que je reſtai à Modene, ſi j'en excepte le temps du déjeûner & du dîner, le reſte fut conſumé dans les tracaſſeries des douanes, d'entrée & de ſortie. On s'en tire avec des paoles ; mais cela n'en eſt pas moins incommode, & c'eſt un des déſagrémens du voyage d'Italie, par la multiplicité des petits états dont on peut quelquefois traverſer deux ou trois dans le même jour.

Après avoir laiſſé paſſer le fort de la chaleur, nous prîmes, mes compagnons de voyage, mon domeſtique & moi, une voiture à quatre, qui nous mena coucher à Reggio, où nous fûmes aſſez bien traités. Nous en partîmes le lendemain à la pointe du jour, & entrâmes dans Parme vers huit heures du matin. Aussi-tôt que j'eus pris un logement à la poste, j'allai chez le baron de la Houze, ministre de France, que je trouvai prévenu de mon arrivée, & dont, sans en être personnellement connu, je reçus l'accueil qu'il auroit pu faire à un ami. Il envoya sur le champ chez le premier gentilhomme de l'infant, savoir quand je pourrois être présenté. Sur la réponse que je pouvois venir sur l'heure, je n'eus que le temps d'aller m'habiller. Le baron vint me prendre dans son carrosse, & me conduisit au palais. Je fus donc présenté à l'infant, comme il se mettoit à table. Il me retint pendant son dîner, & engagea la conversation, m'adressant souvent la parole. Plusieurs dames assistoient à son dîner; c'étoit le seul temps où elles pouvoient lui faire leur cour jusqu'à ce qu'il fût marié. Je ne me retirai que lorsqu'il fut levé de table, & j'allai avec le baron de la Houze dîner chez lui, où je trouvai très-bonne compagnie, & entr'autres les PP. Jacquier & le Sueur, minimes François, les meilleurs physiciens de l'Italie, qui étoient venus de Rome passer quelque temps auprès de l'infant, & lui donner des leçons. L'abbé Frugoni, homme de beaucoup d'esprit, & quelques gentilshommes distingués, étoient aussi du dîner.

L'après dînée j'allai me promener dans les jardins du palais, où l'infant m'ayant apperçu, me fit appeller. Il étoit entre son premier gentilhomme, son capitaine des gardes, & le chevalier de Kéralio, son gouverneur, gentilhomme Breton, & du plus grand mérite pour élever un prince. L'abbé de Condillac, son précepteur, étoit aussi le meilleur choix qu'on pût faire. Le temps de ses fonctions étant fini, il étoit alors retourné en France, où il est entré depuis à l'académie Françoise. Si l'on préjuge ce que sera le prince par ceux qui l'ont élevé, on n'en peut tirer qu'un favorable augure. Ils ont d'abord eu besoin, avant d'édifier, de détruire dans leur éleve l'ouvrage des femmes auxquelles son enfance avoit été confiée, & dont il avoit reçu les premieres impressions. Ces especes de gouvernantes sont à-peu-près les mêmes dans toutes les cours. On ne devroit les charger que du physique, & la vraie éducation doit se commencer presque à la naissance. Quoi qu'il en soit, j'ai trouvé dans l'infant beaucoup plus de connoissance de belles-lettres & des sciences, que dans nos seigneurs, d'un âge plus avancé, & qu'on suppose les mieux élevés, si j'en excepte un Gisors, un Montmirail, un la Rochefoucault, les jeunes Noailles, & très-peu d'autres. Je cherche à m'en rappeller, & il ne s'en préfente point dans ce moment à ma mémoire ; j'en trouverois peut-être encore un peu en cherchant beaucoup. Je ne ferois pas fi embarraffé s'il falloit nommer leurs contraftes. A l'égard du caractere de l'infant, les lettres que M. de Lomellini en avoit reçues, & qu'il m'avoit communiquées à Gênes, durent me prévenir favorablement, & je ne remarquai rien dans ce prince, en lui faifant ma cour, qui ne fortifiât mon opinion. J'ajouterai que l'infant ayant fû ce que j'avois dit de lui à la cour, à mon retour en France, écrivit une lettre, que j'ai vue, & dans laquelle il mandoit qu'il étoit très-fenfible au bien que j'en difois, & qu'il efpéroit fe conduire toujours fi bien, que je n'en écrirois point de mal comme hiftoriographe. Je le defire ; car, en fait d'éloges les plus juftes donnés à des princes, il faut prendre des dates & fixer les époques. Pendant la promenade, où il me permit de l'accompagner, nous voyions de fa terraffe le champ de la bataille de Parme, qu'il raconta très-bien, détaillant les pofitions & les mouvemens des armées, comme il l'avoit appris de fon gouverneur, qui s'étoit trouvé à cette affaire. Lorfqu'il rentra dans fon appartement, il voulut que je l'y fuiviffe. J'y restai à m'entretenir des affaires de France, avec le chevalier de Kéralio, pendant que le prince jouoit une partie avec son premier gentilhomme & le baron de la Houze.

Un homme plus curieux à voir que beaucoup de princes, & sûrement plus rare, est le ministre de Parme, M. du Tillot. C'est un homme de la plus exacte probité, de la physionomie la plus ouverte, & qui, chargé de toute l'administration, a le travail le plus facile. Né d'une famille honnête, il fut d'abord premier valet-de-chambre du feu infant, gendre du roi. Ce prince en ayant senti le prix, en fit son ministre, & se reposa absolument de tout sur lui. Il le fit marquis de Félino; & depuis le mariage du jeune infant, le roi l'a décoré du grand cordon de Saint-Louis. Le marquis de Felino ne devant son élévation qu'à son mérite, il ne croit pas devoir être important, comme ceux qui doivent tout à la fortune. Les affaires ni les honneurs ne l'ont rendu ni triste ni fat. Il m'invita à dîner le lendemain de ma présentation à l'infant. Lorsqu'on fut levé de table, j'engageai la conversation avec lui sur ses opérations économiques, & l'on ne peut être plus content que je le fus de ses lumieres, & de sa facilité à les communiquer. Je lui dis,

dis, en le quittant, que j'étois charmé d'avoir vu & entendu le grand ministre d'un petit état. On pourroit souvent dire le contraire ailleurs. Plut à Dieu que l'infant le prêtât pour quelque temps à.... Rien n'égale l'ordre que M. du Tillot a mis dans les finances. Tous les fonds assignés sont appliqués à leur objet, & rien n'est dû à la fin de chaque mois. Comme j'en parlois à mon retour avec éloge, un de ces hommes qui se piquent de voir tout en grand, & qu'on ne voit pas sous le même aspect, me dit qu'il y avoit une grande différence entre l'administration des finances d'un état puissant, & celle d'un petit. Ainsi, ajoutoit-il, celui qui fait bien manœuvrer deux mille hommes, ne commanderoit pas une armée. Mais s'il y a de la différence entre un grand & un petit état, il n'y en a pas moins entre les deux objets de comparaison de la finance & du militaire.

L'art de la guerre a bien des parties qui se perfectionnent par l'exercice, sans quoi il ne seroit pas un art. Mais il exige de plus un génie particulier dans le général, pour préparer, saisir les circonstances & varier les ressorts. Il n'y a point d'opérations où les cas fortuits soient si fréquens, & qui exigent un parti plus prompt, souvent opposé au premier plan.

Il falloit à Condé, dans ces occasions, ce coup-d'œil d'aigle qu'on lui reconnoissoit. Turenne, son rival de gloire, avoit besoin de cette sagacité voilée par le phlegme, qui lui faisoit prévoir & s'asservir les événemens ; c'étoit la poudre cachée, qui ne se manifeste que par son explosion. Il falloit qu'un homme si peu avantageux fût bien sûr de son plan, pour dire, en parlant de Montécuculli, pour aujourd'hui, je le tiens. Le coup de canon qui, dans le moment, enleva ce grand homme, emporta aussi son secret ; aucun officier ne put l'imaginer. C'est que, pour le deviner, il falloit le génie qui l'avoit trouvé.

Il n'en est pas ainsi de l'administration économique. Probité, vigilance, esprit d'ordre & désintéressement personnel dans l'administrateur ; plus de raison que d'imagination systématique. Avec ces qualités, on gouvernera les finances de quelque état que ce soit : il ne s'agit que de trouver, & on le trouve quand on cherche, un Sully ou un du Tillot ; joignez-y un prince qui les laisse maîtres de leurs opérations. Il ne faut pas plus, ni d'autres ressorts pour donner le mouvement à trois cents millions qu'à trois millions. Quand le fardeau est plus lourd, il ne s'agit, pour le mouvoir, que d'alonger le levier ; mais c'est toujours le même principe de force. Du Tillot eût été Sully en France; Sully n'eût été que du Tillot à Parme. Un autre genre d'éloge, & dont je ne connois point d'exemple dans l'histoire, c'est le soin qu'il prend d'instruire son jeune prince, dans l'art de gouverner lui-même. On pourroit dire du ministre Parmesan, qu'il travaille continuellement à se rendre inutile, bien différent de ces ministres qui ne s'occupent que du soin de perpétuer l'enfance ou l'inapplication des princes dont ils ont la confiance. Tous les matins, le premier travail de M. du Tillot, est d'avoir, avec l'infant, une conférence, dans laquelle il lui expose l'état des affaires, le parti qu'on doit prendre, & le pourquoi.

Pour faire mieux connoître l'intelligence de ce ministre, il faut considérer avec quel revenu il suffit à toutes les dépenses, & même à la magnificence de la cour. Les états de l'infant peuvent avoir 400 lieues quarrées, dont la population passe 500 mille ames. Ses revenus sont entre 3 à 4 millions, en y comprenant 720 mille livres que lui donnent, moitié par moitié, la France & l'Espagne.

L'archiduchesse Amélie, qu'il vient d'épouser, jouit, sur ces revenus, de 350 mille livres de domaine. Le mariage s'est fait avec un genre de magnificence peut-être unique. On a fourni un habit de *gala* à tous ceux qui forment la cour, à chacun suivant son rang & son état, sans surcharger le peuple. Je ne doute pas que le futur mariage du dauphin ne coûte des millions, sans un acte de noblesse. Les dépenses seront folles & le peuple payera pour tous. En voilà beaucoup à l'occasion du ministre d'un petit état ; je serois plus court sur ceux d'un grand, en fait d'éloges.

Le vendredi, je dînai chez ce ministre, en très-bonne compagnie ; il me mena ensuite voir les plans du nouveau palais qu'il fait construire pour l'infant. On ne peut employer plus d'intelligence & d'économie, sans nuire à la magnificence. De-là le comte Rezzonico, parent du pape, & gouverneur de la citadelle, m'y conduisit, & m'en fit voir toutes les parties.

Le samedi, je dînai chez le baron de la Houze, avec les PP. Jacquier, le Sueur & Pacciaudi. Ce dernier est théatin & bibliothécaire de l'infant. C'est un homme d'une grande érudition & de goût dans les lettres. J'appris de lui-même, qu'à la mort du cardinal Fabroni, il avoit acheté quelques-uns des livres de cette éminence, dans l'un desquels il avoit trouvé la lettre originale du P. le

Tellier, qui marquoit au pape, qu'ayant assuré le roi qu'il y avoit dans les réflexions morales plus de cent propositions repréhensibles, il en falloit absolument condamner plus de cent, & que pour cet effet, il en dénonçoit 103. Le pape ne pouvoit donc pas faire moins que d'en donner une au-delà de la centaine. Sans quoi le P. Tellier eut fait une assertion hasardée. On ne peut pas tirer plus juste. La lettre fut remise au cardinal Passionei, ennemi ouvert des jésuites, qui n'en garda pas le secret.

Le baron de la Houze voulut encore que je dînasse le lendemain chez lui, où il se trouva, comme la veille, quinze ou vingt personnes. M. de Leyre, secretaire des commandemens de l'infant, homme de mérite, à qui l'on doit l'analyse de Bacon, m'invita pour le jour suivant ; mais je m'étois déja engagé avec M. Kéralio. L'infant vint nous y voir pendant que nous étions à table, & entra dans la conversation tant que dura le dîner. Je revins encore le soir lui faire ma cour à son souper, & partis le lendemain mardi 26. Je passai l'après-midi à Plaisance, où je couchai. La ville est assez belle, mais n'est pas fort peuplée. Parmi les choses remarquables qu'on y voit, les statues équestres d'Alexandre & de

Ranuce Farneze, l'emportent sur toutes celles qu'on admire en ce genre.

Le mercredi, je me rendis à Milan, où je n'avois d'autre connoissance que le P. Frisi, théatin, professeur de mathématique. Je l'avois vu à Paris, où il avoit reçu des gens de lettres l'accueil qu'il méritoit; & il usa de représaille à mon égard, & voulut me présenter aux personnes les plus considérables de Milan, en commençant par le comte de Firmian, grand d'Espagne, & gouverneur du Milanois, pour qui j'avois, d'ailleurs, une lettre de recommandation, la seule que j'aie acceptée dans tout le cours de mon voyage. Par-tout où nous avions des ministres, je n'avois besoin que d'eux; & à Milan, je vis, par la considération où le P. Frisi y étoit, que lui seul m'auroit suffi. La veille de mon départ de Parme, le comte Rezzonico étoit venu me voir & me donner deux lettres, l'une pour le comte de Firmian, & l'autre pour une tante du pape. Je m'étois, en arrivant, logé au Pozzo, la meilleure auberge de Milan.

Le lendemain, jour de l'Ascension, j'allai chez le comte de Firmian, dont le palais, sur le bord du canal, est très-beau, & meublé avec autant de goût que de magnificence. Je le trouvai au milieu d'une cour aussi brillante que nombreuse, & lui présentai ma lettre. Il la reçut poliment, & plus obligeamment encore la mit dans sa poche, sans l'ouvrir, en me disant : ces sortes de lettres ne sont pas faites pour vous. Nous étions prévenus de votre arrivée ; vous n'avez aucun besoin de recommandation ; j'espere que vous voudrez bien dîner avec moi. Il ajouta que M. le duc de Modene étoit absent ; mais que s'il eût été à Milan, il m'auroit vu avec plaisir, me connoissant de réputation. Il n'y eut point de bontés dont il ne me comblât. Comme on ne devoit se mettre à table que dans une heure ou deux, j'eus le temps de voir ses appartemens, & sur-tout sa bibliotheque, en très-bon ordre, & fournie des meilleurs livres, tant anciens que nouveaux. Quand on vint nous avertir qu'on alloit servir, je me rendis auprès du comte, qui avoit retenu une vingtaine de ceux qui étoient venus lui faire leur cour. Après un excellent dîner, il y eut une heure de conversation générale, & le comte s'étant retiré, pour faire ses dépêches, deux des convives, le marquis Carpani & le P. Frisi, me proposerent d'aller voir le dôme, (c'est ainsi qu'on nomme la cathédrale) édifice surchargé de figures & d'ornemens, dont l'ensemble m'a paru d'assez

K iv

mauvais goût. Le jour suivant, je vis le château, la bibliotheque ambroisienne, le lazaret, &c.

Le marquis Beccaria, auteur de l'ouvrage, *Dei delitti & delli pene*, que je comptois aller voir, me prévint, & nous eûmes ensemble une conversation au sujet de son livre. Après lui avoir fait compliment sur le caractere d'humanité qui l'avoit inspiré, je ne lui dissimulai point que je n'étois pas de son sentiment sur la conclusion qui tend à proscrire la peine de mort, pour quelque crime que ce puisse être. Je lui dis qu'il n'avoit été frappé que de l'horreur des supplices, sans porter sa vue, en rétrogradant, sur l'énormité de certains crimes qu'on ne peut punir que de mort, & quelquefois d'une mort terrible, suivant les cas. Je convins de la sévérité, à certains égards, de nos loix criminelles, telle que la question préparatoire; mais j'ajoutai, & je le pense, que sans proscrire aucun genre de mort, il n'y auroit, pour la réforme de notre code criminel, qu'à fixer une gradation de peines, comme une gradation de délits. Il y auroit, sans doute, des délits qui ne seroient pas punis de mort, ainsi qu'ils le sont actuellement; mais il y a des crimes qui ne peuvent l'être d'une mort trop effrayante. La rigueur du châtiment est, dans certaines circonstances, un acte d'humanité pour la société en corps. J'entrai dans quelques explications, & je finis par donner à l'auteur les éloges que mérite son projet, qui peut être l'occasion d'une réforme dans le code criminel. Je crois cependant qu'on l'a trop exalté. Mais l'excès est l'esprit du siecle, & peut-être l'a-t-il toujours été du François.

On est revenu depuis quelque temps de beaucoup de préjugés; mais on s'accoutume trop à regarder comme tels tout ce qui est admis. Dès qu'un auteur produit une idée nouvelle, elle est aussi-tôt reçue comme vraie; la nouveauté seule en est le passe-port. Je voudrois pourtant un peu d'examen & de discussion avant le jugement. Doit-on enseigner des erreurs aux hommes? La réponse sera courte. Jamais.

Doit-on les détromper de toutes? Ce seroit la matiere d'un problême qu'on ne résoudroit pas sans faire des distinctions. Il faudroit d'abord s'assurer si ce qu'on prend pour des erreurs, en sont en effet; & ensuite, si ces prétendues erreurs sont utiles ou nuisibles à la société.

Je partis de Milan, le samedi 30 mai, dans un carrosse coupé, mon domestique à côté de moi. Le voiturin ne me demanda, porté & nourri, que cinq fequins vénitiens, que je lui donnai. Il eft vrai que je lui faifois grace du fouper, que je ne ftipulai jamais que pour affurer le gîte : ce qui faifois que les voiturins, étant contens de moi, n'en agiffoient que mieux. Cette façon de voyager à petites journées, dans les plus grands jours de la plus belle faifon, & par un très-beau temps, me plaifoit affez. Je n'avois, jufques à Turin, qu'à traverfer des lieux qui ne méritent pas qu'on s'y arrête, & je jouiffois de l'afpect de campagnes bien cultivées, & dans le primevert.

Je vins, en fortant de Milan, dîner à Bufalore ; dans une auberge au bord d'un canal navigable, & d'une eau fi limpide, qu'on diftingueroit au fond une épingle. Je couchai à Novarre, dînai le lendemain à Verceil, couchai à Ligourne, & le jour fuivant, paffant par Chivai, j'arrivai à Turin à la meilleure auberge, & à l'heure où l'on alloit fe mettre à une table d'hôte pour dîner. J'y pris place avec douze ou quinze officiers & autres. Après le repas, qui fut affez bon, je proficai de la beauté du jour pour une promenade fur les remparts & à la citadelle. En rentrant le foir, j'envoyai chez M. le baron de Choifeul, pour favoir à quelle heure il feroit vifible le lendemain. Pour réponse, il m'envoya un valet-de-chambre m'inviter à souper chez lui avec le marquis de Paulmy, qui venoit d'arriver de France, retournant à l'ambassade de Venise, le même jour que j'arrivois aussi à Turin pour retourner en France. J'étois déja déshabillé, & chargeai le valet-de-chambre de mes excuses pour M. de Choiseul, & de lui dire que j'irois le lendemain lui rendre mes devoirs. Je n'y manquai pas; j'y trouvai M. de Paulmy, & comme il étoit de très-bonne heure, nous laissâmes, après une courte visite, M. de Choiseul à ses affaires, & employâmes la matinée à voir le palais & les appartemens du roi. Nous revînmes dîner chez M. de Choiseul. Notre après-dînée fut consacrée au muséum, à l'université. Nous allâmes de-là aux archives qui sont dans le plus grand ordre. C'est dans une des pieces qui les renferment, que nous vîmes la table isiaque, si connue par les gravures qui en ont été faites.

Le jour suivant, nous fîmes, M. de Paulmy & moi, différentes courses dans la ville, & revînmes dîner chez M. de Choiseul, comme le jour précédent, avec plus de vingt personnes, hommes ou femmes, de la principale noblesse. Nous allâmes, après-dîner, au château de Stupinigi.

Le roi étoit alors à la vénérie, & je devois lui être présenté. Mais il étoit malade ; & ne prévoyant pas quand on pourroit le voir, je ne voulois pas, dans cette incertitude, m'arrêter long-temps à Turin. Un voyageur qui a satisfait les principaux & les vrais objets de sa curiosité, & qui revient dans sa patrie, est un peu impatient d'y arriver, & un François l'est peut-être plus qu'un autre, surtout si ce François revient à Paris, que la plupart des étrangers quittent avec peine. Il faut que le séjour en soit bien séduisant, puisqu'il guérit de la *maladie du pays*, c'est-à-dire, du desir naturel de retourner vivre & mourir dans le lieu de sa naissance, ceux mêmes qui y seroient avec le plus d'avantages. Je crois cependant, si j'en juge par moi-même, qu'il y a peu de provinciaux fixés, par état, & avec agrément à Paris, qui ne soupirent quelquefois après le pays natal. Le paysan le plus malheureux est si attaché à la terre où il est né, qu'il ne la quitte qu'avec désespoir. Les émigrations sont les plus fortes preuves de la misere d'un état.

Ne voulant pas prolonger mon séjour à Turin, j'arrêtai une chaise de voiturin, pour partir le jeudi 4 juin après dîner, parce que j'étois convenu avec M de Paulmy d'aller, le matin, voir la Superga, à une demi-lieue de Turin, sur une montagne couverte du bas jusques au haut de vignes, de bosquets, d'arbres & arbustes, & assez escarpée, pour qu'on n'y puisse arriver que par un chemin tracé en zig-zag. Nous y allâmes avec plusieurs officiers, qui offrirent de nous accompagner. Quoique nos carrosses fussent à six chevaux, nous fûmes une heure à monter. Mais les cochers & les postillons voulant apparemment briller à la descente, eux & leurs chevaux, nous ramenerent avec une telle rapidité, qu'une roue sortit de l'essieu d'un des carrosses, qui fut renversé & traîné quelque temps sur le côté. Heureusement ni maîtres, ni valets ne furent pas blessés. Par un autre bonheur, cet accident arriva à la voiture qui nous suivoit : car si elle nous eût précédés, la nôtre nous eût emportés dessus ; les deux se feroient brisées ensemble, & nous aurions tous couru les plus grands risques.

La Superga consiste en une église desservie par un chapitre noble, & un corps de bâtimens ; le tout élevé avec une magnificence royale. C'est l'accomplissement d'un vœu que fit le roi Victor en 1706, lorsqu'assiégé dans Turin, il se voyoit près de perdre ses états par la prise de sa capitale. Dans la consternation où il étoit, il promit à une madone, qui avoit une petite chapelle sur la montagne, de la loger bien mieux, si elle le délivroit des François. La Vierge l'exauça, & il lui tint parole. A juger de ses allarmes par la magnificence de la fondation, elles n'étoient ni médiocres, ni mal fondées.

Si le duc d'Orléans, général de l'armée en apparence, mais en tutéle sous la Feuillade, gendre du ministre Chamillard, eût été maître des opérations, il auroit pu rendre le vœu nul. Toute la France est encore persuadée que la Feuillade avoit promis à la duchesse de Bourgogne, fille de Victor, de faire échouer l'entreprise. D'une autre part, le peuple de Turin croit fermement, & raconte encore aujourd'hui volontiers, à ceux qui écoutent avec autant ou plus de foi que moi les récits merveilleux, que la vierge, depuis la promesse de Victor, paroit & renvoyoit de la main, dans le camp des François, tous les boulets de canon tirés contre la ville. C'est convenir qu'on ne pouvoit la sauver sans miracle, & je le crois ; reste à savoir qui l'a fait.

Le maréchal de Villars, général de l'armée de France, dans la guerre de 1733, étant à Turin, alla voir la Superga.

Le supérieur de la maison qui le conduisit dans l'église, lui montrant la belle figure, en marbre, de la Vierge à qui il attribuoit le salut de la ville, elle ressemble parfaitement, dit le maréchal, à la duchesse de Bourgogne. Le mot étoit plaisant; mais ce qui me le parut autant, fut que le supérieur actuel, avec qui je voyois cette Vierge, me parla lui-même de cette ressemblance; à quoi je répondis, en souriant, que tous les François en jugeoient ainsi.

On sait que le maréchal mourut en 1734, à Turin; & l'on prétend qu'un moment avant d'expirer, apprenant que le maréchal de Barwick venoit d'être tué, d'un coup de canon, au siege de Philisbourg, il dit: *Cet homme-là a toujours été heureux.* Le mot est bien dans le caractere de Villars, qui mourroit dans son lit à la tête d'une armée; mais je doute qu'il ait pu le dire. Il n'est guere possible qu'il ait appris à Turin, le 17 juin, jour de sa mort, celle de Barwick, tué le 12 en Allemagne. Il est très-commun, qu'en toutes circonstances, le François laisse échapper des traits qu'on attribue à ceux à qui ils conviennent le mieux. Nous avons, à cet égard, fait une perte dans la duchesse d'Orléans, (Conti). Comme elle disoit quelquefois des mots plaisans

& hardis, on lui en attribuoit aussi plusieurs qu'elle vouloit bien adopter, parce qu'ils auroient été dangereux dans toute autre bouche que la sienne.

Je ne dois pas oublier que le corps du maréchal de Villars est encore en dépôt à Turin, sans que sa famille ait eu le cœur de le faire transporter en France, quoiqu'elle en ait eu la plus riche succession, & qu'elle en tire toute sa gloire.

La Superga étant, comme l'Escurial, l'accomplissement d'un vœu, a eu aussi la même destination. Philippe II, en mémoire de la bataille de St. Quentin, gagnée sur les François le jour de St. Laurent 1557, fit bâtir l'Escurial, dont la distribution des édifices & des cours, est dans la forme d'un gril. L'église des Hyéronimites, qui en représente le manche, est le lieu de la sépulture des rois d'Espagne.

Le roi Victor destina pareillement la Superga à sa sépulture & à celle de ses successeurs. Son corps y est en dépôt, dans une chapelle, en attendant qu'on éleve son mausolée, dont les marbres sont rassemblés, façonnés, sculptés & prêts à être réunis & mis en œuvre.

La population de tous les états du roi de Sardaigne, est d'environ 4 millions d'ames : savoir, trois pour le Piémont

& la partie d'Alexandrie, quatre cents mille pour la Savoie, & autant pour la Sardaigne. Les revenus de l'état montent à vingt-cinq millions de notre monnoie. Tout le Piémont est cultivé comme un jardin, & le paysan m'a paru logé, vêtu & nourri, ce qui est toujours ma regle pour juger d'une bonne administration. On voit, dans les montagnes de la Savoie, quel parti un peuple laborieux peut tirer du sol le plus ingrat.

L'état militaire est actuellement de vingt mille hommes, presque tous d'infanterie; & on le porte jusqu'à cinquante mille en temps de guerre.

A l'égard du gouvernement, le roi y tient lui-même le timon de l'état. Il donne audience à quiconque a des plaintes à lui porter, & rend justice, même contre ses ministres, qui ne font que ce qu'ils devroient être par-tout, exécuteurs exacts des ordres du souverain. On n'entend point là comme ailleurs, dire: *Ah! si le roi le savoit!* On peu tout lui apprendre, & l'on est sûr de n'obéir qu'à lui. Un homme opprimé par un ministre, sous-ministre, intendant, commis, &c. n'est point obligé de se consumer en frais de courses, de séjours, d'argent, de patience, & quelquefois d'humiliations, pour obtenir, je ne dis pas justice, mais audience. Les ministres ne sont point, à Turin, tels que certains des nôtres à Versailles & à Paris, invisibles comme Dieu, & sourds & muets comme des idoles. *La bureaucratie*, déja ancienne parmi nous, seroit un mot barbare à Turin. Le roi de Sardaigne, homme d'un très-grand sens, auroit de la peine à le comprendre, & encore plus à souffrir qu'il signifiât quelque chose chez lui.

Si la maniere de gouverner nous paroissoit extraordinaire, sa cour ne le paroîtroit pas moins à ceux qui habitent la nôtre. Ils ne concevroient pas qu'on fût obligé d'avoir ou de montrer des mœurs, de cacher des intrigues, au-lieu de les afficher. Ils trouveroient peu de dignité dans une cour qu'ils regarderoient comme un couvent. Le roi mange avec sa famille, & ne croit pas devoir multiplier, dans le même château, des maisons dont il faut toujours que le peuple paie l'entretien. Les charges, à cette cour, sont peu lucratives, & n'en sont pas moins recherchées. Il suffit aux contendans qu'elles soient honorables. Toutes les dépenses du roi de Sardaigne sont appliquées aux vrais besoins de l'état ; & ce n'est qu'ainsi qu'on fait refluer dans le peuple tout l'argent qu'on y a puisé, & qu'il peut de nouveau payer les impositions.

Nous dînâmes, au retour de la Superga, chez M. de Choiseul, en aussi nombreuse compagnie que les jours précédens. J'y trouvai entr'autres le comte d'Ericeira, ambassadeur de Portugal, petits-fils de celui qui traduisit en vers Portugais l'art poétique de Boileau. Je l'avois fort connu à Paris, où je le voyois souvent chez la belle princesse de Rohan, dont il étoit parent. Ayant su que je partois au sortir de table, il envoya, pendant le dîner, garnir ma chaise de vin de Sétubal & de Marasquin. Il étoit assez tard quand le dîner finit, & je ne pus aller coucher qu'à St. Ambroise. Je remarquai, dès le soir, & la suite du voyage m'a confirmé, que les voiturins de Turin à Lyon, traitent mieux les voyageurs que ne font ceux qui parcourent l'Italie. Peut-être cela vient-il de l'ordre qui regne dans l'administration du roi de Sardaigne. Quand les premiers ressorts d'un état sont bien réglés, cela s'étend, de proche en proche, sur les objets mêmes qui n'attirent pas l'attention du gouvernement. Le vendredi 5 juin, je traversai Suze, & allai dîner à la Novaleze. C'est là qu'on démonte les voitures pour les transporter à dos de mulet à Lanebourg, au-delà du mont Cénis. La même opération se fait à Lanebourg pour ceux qui vont de France en Italie. On a le choix, pour ce paſſage, d'un mulet, ou d'une chaiſe de paille portée ſur deux bâtons. Le trajet de la Novaleze à Lanebourg, qui eſt de cinq lieues, ſe fait en quatre à cinq heures; & mes porteurs, qui ſe relevoient, ſouvent ſans s'arrêter, marchoient auſſi leſtement, à la deſcente, qu'ils l'auroient pu faire dans les rues de Paris. Ils ne font, dans tout le trajet, que trois ou quatre pauſes aſſez courtes. On monte l'eſpace de deux lieues. Le plateau qu'on traverſe enſuite, en a à-peu-près autant dans ſa longueur, & la deſcente à Lanebourg n'étant que d'une lieue, eſt ſi rapide, que dans le temps où toute la montagne eſt couverte de neige, on deſcend, en moins d'un quart-d'heure, ſur un traineau, d'une hauteur où l'on ne parvient en montant, qu'en deux heures de marche. Il s'en faut bien qu'après cette deſcente on ſoit à Lanebourg au niveau commun des terres; car, à quelques inégalités près, on continue de deſcendre juſqu'à ce qu'on ſoit ſorti de la Savoie. Quelqu'élevé que ſoit le plateau du mont Cénis, il n'eſt pas étonnant qu'étant dominé par des montagnes très-hautes, toujours couvertes de neige, il s'y ſoit formé un lac. Il peut avoir une lieue de circonférence; il eſt de la plus belle eau, & très-profond vers le milieu. Je m'arrêtai à considérer ces lieux qui offrent le tableau des ruines du monde, pendant que je faisois rafraîchir mes porteurs à une espece d'auberge. L'hôte vient prendre possession vers la fin du printemps, lorsque la fonte des neiges a découvert la verdure. Ce n'est pas qu'il n'y fît encore assez froid, quoique ce fût au mois de juin, & que le ciel fût sans nuage. Les cavités qui se trouvent dans plusieurs endroits du plateau, étoient pleines de neige, & mon domestique me fit remarquer de la glace où il passoit, sur son mulet, sans la rompre. La température est en effet, sur les monts, très-différente de celle de la plaine. En partant de la Novaleze à midi, qui n'est nulle part le moment le plus chaud du jour, nous éprouvions un froid très-vif; & entre une & deux heures, ce qui est par-tout le paroxysme de la chaleur, le froid se faisoit sentir par degrés, à mesure que nous montions, au point que je fus obligé de prendre ma redingotte. Comme on m'avoit parlé de la bonté des truites qu'on pêche dans le lac du mont Cénis, j'en fis prendre & apporter pour mon souper à Lanebourg, & je les trouvai telles qu'on me l'avoit dit.

Le passage du mont Cénis, dont tant

de voyageurs parlent comme d'une entreprise, n'est ni dangereux, ni effrayant. Il y auroit, sans doute, du péril à le passer pendant que les neiges tombent, ou dans les grandes fontes, quand on peut craindre les lavanges ; mais tous ces dangers sont communément prévus par les gens du pays : ils en préviennent les voyageurs, & les porteurs ne s'exposeroient pas. Il n'y est guere arrivé de malheur que par une imprudence volontaire, & l'on ne doit pas supposer de danger à faire ce que font journellement tant de gens naturellement timides. La corniche, qui fait partie du chemin de Savone à Gênes, bordée de précipices, est plus effrayante à la vue que le passage du mont Cénis.

Le samedi 6, nous couchâmes à Saint-Michel, après avoir fait une halte en chemin. Le dimanche 7, jour de la Pentecôte, nous passâmes à Saint-Jean-de-Maurienne, dînâmes à la chambre, & allâmes coucher à Aiguebelle. Nous en partîmes le lundi 8, pour aller dîner à la vue de Montmelian, à un hameau où nous fûmes très-bien traités. La couchée fut à Chambéry. Un banquier de Rome m'avoit joint à Aiguebelle, & nous fîmes route ensemble jusqu'à Paris. Le mardi 9, passant aux Echelles, je dînai au pont de Beauvoisin, gardé du côté où l'on sort de la Savoie, par des soldats Piémontois, & de celui où l'on entre en France, par des François. Les commis de cette douane frontiere, qui sont très-attentifs à tout ce qui passe, arrêterent ma chaise, & commençoient à détacher mon bagage. Je descendis, pour être présent à la visite. Le chef ayant, par hasard ou par curiosité, jetté les yeux sur mon passe-port que je déployois pour le montrer au commandant de la place, dit à ses commis de ratacher les malles qui étoient encore derriere la chaise, & ajouta, en s'adressant à moi, que mon nom lui étoit connu, & que s'il l'avoit su d'abord, on ne se seroit pas mis en devoir de me visiter. Je le remerciai fort de ses politesses, & remontai en chaise. En traversant la place, j'apperçus, au milieu d'une troupe d'officiers, un homme que je jugeai être le commandant, & qui l'étoit en effet. Je remis pied à terre, & lui présentai mon passe-port, signé du duc de Choiseul, ministre de la guerre & des affaires étrangeres. A ce nom, tout militaire fléchit le genou ; ainsi, le commandant l'ayant lu, & le trouvant conçu en termes assez obligeans pour moi, me le rendit avec des complimens qui ne l'étoient pas moins. Après-dîner, nous allâmes coucher à la Tour-du-Pin. Le lendemain, mercredi 10, dîner à la Verpilliere, & j'arrivai à Lyon vers cinq heures.

A peine étois-je arrivé à l'hôtel garni du Palais-Royal, que j'y reçus la visite de l'Intendant, M. Baillon. J'allai ensuite en faire une à l'archevêque, mon confrere à l'académie Françoise. Il vouloit me loger à l'archevêché, & envoyer chercher mes malles à l'auberge; & j'eus peine à obtenir qu'il m'y laissât, pour le peu de séjour que je devois faire à Lyon. Je restai à souper avec lui. Le lendemain j'y dînai. Le jour suivant, chez l'intendant. Le samedi 13, je partis de Lyon, par la diligence, & arrivai à Paris, le mercredi 17, veille de la Fête-Dieu.

Longæ finis chartæque viæque.

PLAN ABRÉGÉ
DU
GOUVERNEMENT ÉCONOMIQUE.

DE L'ETAT ECCLESIASTIQUE.

LES impôts que paie le peuple de l'état du pape, font de deux fortes. Les uns entrent dans le tréfor du prince, les autres fervent aux dépenfes de la communauté.

Toute ville, tout village, le plus petit bourg compofe une communauté; cette communauté à un confeil formé d'un certain nombre d'habitans, chargés de veiller aux intérêts de cette fociété.

Les états du pape font divifés en autant de petits états, qui, dans l'origine, levoient par eux-mêmes les impôts que le prince leur demandoit, & ceux qui étoient néceffaires pour leurs dépenfes particulieres. Ainfi, l'état avoit, dans cette partie, l'avantage des petites fociétés, qui, d'ordinaire, font mieux adminiftrées que les grandes.

Il ne refte plus que l'ombre de cet établiffement. Les communautés fubfiftent, mais elles ne peuvent rien faire fans obtenir la permiſſion du bureau d'adminiſtration, établi à Rome. Les tributs qu'elles paient ſont préſentement levés par des ſouſtraitans.

Les impôts portent ſur différens objets; ſur la terre, la mouture du bled, la viande, le vin, & ſur diverſes autres marchandiſes.

L'impôt ſur la terre, eſt aſſis ſuivant un cadaſtre particulier, fort ancien, formé ſuivant la valeur & la quantité de la terre. Chaque communauté a ſon cadaſtre particulier. La taxe d'une terre, autrefois en friche, & qui pour cela même payoit peu, hauſſe en proportion de ſon nouveau rapport. Quand il faut augmenter cet impôt, il s'augmente toujours dans la premiere proportion, & ſe diminue de même.

Dans le territoire romain, qui s'étend à quarante milles autour de Rome, l'impôt ſur les terres eſt ordinairement très-modique, parce qu'il n'entre point dans la maſſe des revenus qui doivent ſe verſer dans la caiſſe du prince ; il eſt deſtiné pour l'entretien des ponts & chauſſées. Il eſt réparti comme celui des communautés, ſuivant la valeur & la quantité des poſſeſſions. Cet impôt vient d'être augmenté, pour un an ſeulement. Ce surplus est destiné au tréſor du prince, ayant voulu, par-là ſe couvrir des dépenſes extraordinaires qu'il a été obligé de faire pour la derniere diſette de grains. Le reſte de l'état eccléſiaſtique eſt exempt de ce ſecours momentané.

L'impôt ſur la mouture du bled ſe paie au moulin. On y porte une permiſſion de moudre tant peſant de grain ; ce qui ne peut jamais être moins d'un demi-rube. (Le rube de bled rend en farine 620, ou 640 livres romaines, de 12 onces. Cette différence de poids vient du grain plus ou moins peſant.) Un commis peſe la farine qui en provient, en enregiſtre le poids, & en fait payer le droit avant que la farine ſorte. Le droit de mouture eſt différent ſuivant les lieux : il ſe payoit à Rome, il y a un an, à raiſon de 4 livres tournois, pour chaque rube, par les particuliers, & 6 liv. 17 ſ. par les boulangers.

Cette nouvelle diſpoſition a été faite pour remédier à un abus qui s'étoit introduit. Les particuliers faiſoient chez eux du pain, non-ſeulement pour leur proviſion, mais encore pour le vendre ; ce qui nuiſoit beaucoup au commerce des boulangers, parce qu'ils pouvoient donner leur pain à meilleur marché.

On impoſe au marché, ſuivant le prix

de la vente, le droit que doit payer un animal. Ce droit ne se paie point comptant; la communauté des bouchers est responsable des dettes de chacun en particulier. Il s'en paie une partie avec les graisses des animaux tués. Chaque boucher porte à un magasin commun, établi par le gouvernement, la graisse de la semaine : on l'enregistre, & l'on retranche de sa dette pour le droit, ce qui est retiré de la vente qui se fait aux chandeliers, qui sont obligés de venir s'y fournir à un certain prix.

Le prix des différentes viandes de bœuf, veau, agneau, mouton & cochon, est fixé. Cette fixation se fait après avoir envoyé compter dans tout le territoire romain le nombre des animaux. On enregistre la quantité appartenante à chaque particulier, & il doit prouver l'avoir présentée au marché, ou rapporter les peaux de ceux qui sont morts d'accident ou de maladie, & en justifier la vérité.

Le prix des peaux est encore fixé, & un boucher ne peut les vendre qu'à un taneur qui lui est désigné. Cette taxe de la viande se renouvelle tous les ans, & se fait en différens temps, suivant l'espece d'animaux.

Hors de Rome la viande se vend toujours deux cinquiemes de sous moins que dans la ville. Les légats font aussi dans leurs départemens cette fixation, & suivent les mêmes regles qu'à Rome.

Le vin du territoire romain est exempt. Celui qui n'en provient pas, mais qui est cependant de l'état du pape, paie 20 fols par barril. Ce barril contient environ 68 bouteilles de France.

Le vin étranger, quel qu'il foit, paie 2 fols & demi par pinte. Celui qui entre en futaille, paie près de 50 pour 100 de l'estimation. On ne peut rendre raison de cette différence, à moins que ce ne foit la douceur de l'estimation : chofe qui cependant est fort arbitraire, & qui dépend de la faveur pour les perfonnes.

Dans plufieurs endroits, l'impôt ne porte point fur l'ojet dénommé, la communauté ayant repréfenté qu'une autre partie le fupporteroit plus facilement, & le bureau d'administration ayant confenti à ce changement. Ce droit de remontrance est le feul refte de la puiffance qu'ont eu autrefois ces affemblées de citoyens.

Tout l'état paie l'impôt du fel. Il fe fabrique à Oftie, fur la Méditerranée, & à Cervia, fur la mer Adriatique. Il fe diftribue, de ces deux falines, dans tous les états du pape. La différence du prix, confifte dans la différence qu'y peut apporter le transport plus ou moins éloigné. Il n'y a point de fraude sur cette partie; le contrebandier n'y gagneroit rien. Deux sols la livre de 12 onces est le prix le plus haut : 1 sol est le plus bas.

Il n'y a pas long-temps que le tabac étoit aussi une ferme. Il s'y faisoit une grande contrebande, & les frais nécessaires pour l'empêcher, ou plutôt pour la diminuer, en absorboient le bénéfice. Le prince a rendu le tabac marchand, a augmenté le prix du sel, & a ajouté quelques autres droits à la douane de Rome. Quoique ces augmentations rendent plus que ne rendoit la ferme du tabac, la nation a vu ce changement avec plaisir; parce que ce n'est pas tant l'impôt qui fatigue que la maniere d'imposer.

Quelques villes ont des douanes; il n'y en a point sur les frontieres; elles ne sont que pour le territoire romain, autour duquel elles forment un cordon. Ce qui entre dans le reste des états du pape n'y est point sujet. Les marchandises destinées pour Rome, ne paient qu'à Rome; celles destinées pour les autres lieux, dans le reste du territoire romain, paient sur la frontiere de ce territoire.

Le revenu de la douane de Rome est considérable, malgré les abus énormes qui s'y introduisent. Tout cardinal, grand seigneur & ambassadeur a des droits de franchise, par lesquels il lui est permis de faire entrer une certaine quantité de denrées, sans payer les droits. Il en fait passer le double, le triple & davantage. Les commis le voient, & n'osent s'y opposer dans un gouvernement où celui qu'ils auront saisi, sera le lendemain leur maître, parent ou ami de la famille qui régnera.

Une marchandise ainsi entrée, par conséquent non marquée des plombs de la douane, pourroit être suivie & arrêtée chez un négociant, s'il la faisoit transporter chez lui : c'est pour cela qu'il la laisse dans la maison de la personne exempte, jusqu'à ce qu'il puisse s'en défaire.

Toute soierie paie le vingt-deuxieme pour cent de l'estimation. Les draps fins paient moins que les draps grossiers; ce qui est établi pour l'encouragement des fabriques du pays, qui travaillent presque toutes en draps grossiers.

Les douanes sont en régie.

Outre ces différens revenus, le trésor a quantité de terres, étangs, bois & autres domaines qu'il afferme. Il jouit de la ferme des aliénations, de celle des postes, de celle de l'imprimerie royale, & de quelques autres.

La ferme des postes donne, par an, au

tréfor, un peu plus de 46 mille écus. Il y a beaucoup de franchife. Le fermier m'a dit, que tout au plus un dixieme de ce qui vient, paie le droit. La France, l'Empire, Turin, Gênes, Naples, Venife & Florence ont leur pofte particuliere, qui retient pour elle le port des lettres qu'elles apportent. Une lettre d'une feule feuille de papier, de quelque lieu de l'état qu'elle vienne, ne paie qu'un fou. Si cette même feuille eft divifée en deux, elle paie 2 fols, toujours un fou de plus pour chaque morceau d'augmentation. C'eft pour s'en éclaircir, que toutes les lettres font percées par le coin. Les paquets qui peuvent entrer par une certaine ouverture, font taxés fur le même pied des lettres. Pour les autres, quand ils ne s'adreffent pas à quelqu'un qui ait la franchife, il faut en payer le port d'avance, fuivant un tarif d'eftimation. Ce tarif n'eft pas fuivi à la rigueur; on peut marchander avec le fermier, qui diminue affez aifément, & qui m'a dit s'en trouver fort bien. Avant qu'il eût pris ce parti, aucun des paquets ne payoit; on trouve toujours le moyen de les adreffer à des perfonnes exemptes. C'eft un abus qu'il n'étoit pas poffible de corriger que par la voie qu'a pris le fermier.

Les impôts pour les charges de la communauté, seule taxe dont soient exempts les ecclésiastiques, servent pour entretenir le gouverneur, le médecin, le chirurgien, le secretaire, le maître d'école, les ponts & chaussées. Le médecin & le chirurgien doivent assister ceux de la communauté qui les appellent, sans qu'ils puissent exiger aucune récompense.

Les fermiers sont obligés de payer tous les deux mois, la partie due de leur traité annuel. Régisseur ou fermier versent en droiture dans le trésor.

Par différens états que j'ai eu des revenus du prince, ils montent environ à deux millions d'écus romains. (L'écu romain est évalué à 105 sous de notre monnoie: c'est toujours de cet écu dont je parle.) La dépense excede la recette, c'est un point sur lequel s'accordent les différens états. Il y en a qui font monter cet excédent très-haut. Différentes circonstances peuvent le faire beaucoup varier.

Il n'y a que deux especes de papiers publics portant intérêt; les lieux de mont & les vacables. Ces deux papiers sont des contrats de rentes. Le lieu de mont est une rente perpétuelle; le vacable est une rente viagere.

Le trésor paie trois pour cent pour les intérêts du lieu de mont. On peut même dire qu'il paie moins de trois; car un lieu de mont qui coûte 127 écus ou 130 écus, n'en rapporte que trois. C'est la place qui les a fait monter si haut. Dans l'origine, un lieu de mont n'a été payé que 100 écus, & il n'est remboursable, par le gouvernement, que sur ce pied.

Le lieu de mont est un effet si accrédité, qu'il est beaucoup plus recherché que les terres. La preuve est que les terres rapportent d'ordinaire quatre pour cent, quoique mal cultivées. On verra ci-après les obstacles qui s'opposent à la valeur de ce seul bien. Les fiefs rapportent un ou deux pour cent. Ils sont tombés, parce qu'il est rare d'en trouver à vendre, étant presque tous substitués à perpétuité dans les grandes familles. La vente des lieux de mont est plus facile ; elle ne consiste qu'à se faire enregistrer à la banque, à la place du vendeur.

Les vacables sont des rentes viageres, d'une espece inconnue en France. Il est permis, à celui sur la tête duquel cette rente a été placée, de la vendre à un autre. Le nouvel acheteur en jouit, durant sa vie, aux mêmes conditions qu'en jouissoit celui de qui il l'a achetée, & il lui est permis de la vendre de même, de sorte que cette rente peut devenir perpétuelle, en passant ainsi de l'un à l'autre. Il faut cependant avertir, qu'il y a deux conditions à remplir pour que cette vente acquiere toute la validité néceſſaire. La premiere eſt que le vendeur ne doit point avoir 63 ans révolus ; la ſeconde, que le vendeur doit vivre quarante jours après la vente. Si ces formalités ne ſont point remplies, la vente eſt nulle, & le vacable eſt éteint. C'eſt pour que cette loi ſoit ſuivie, qu'on ne peut faire cette vente ſans la permiſſion du prince, qui ne la refuſe point, à moins que le vendeur ne ſoit en danger de mort, ou attaqué d'une maladie de langeur, qui faſſe craindre pour ſa vie.

L'intérêt du vacable n'eſt pas fixé. Le prince a aſſigné, pour payer ces rentes, les revenus de la daterie. Le plus ou le moins de rapport de cet effet, dépend donc du nombre d'expéditions dans cet office. Depuis le concordat de la cour de Rome avec celle d'Eſpagne ; depuis que les puiſſances demandent beaucoup de diminution ſur le prix des bulles, cet effet produit beaucoup moins. Sixte-Quint, premier créateur des lieux de mont & des vacables, avoit deſtiné l'extinction des vacables à une caiſſe d'amortiſſement pour les lieux de mont. Les papes en ont fait ordinairement d'autres emplois. Benoît XIV, ſeul, les a appliqués au rembourſement des dettes.

Il y a une autre espece de rente viagere, qui se constitue sur la tête de celui qui reçoit l'argent, & qui meurt avec lui. L'intérêt en est plus ou moins fort, suivant l'âge de l'emprunteur, suivant le besoin qu'il en a, & suivant la rareté de l'espece : conditions qui, d'ordinaire, constituent le prix de ces rentes. Pour assurer l'intérêt au prêteur, l'emprunteur met en dépôt au Mont-de-piété, des lieux de mont de la même somme du prêt ; mais dont le fonds reste hypothéqué. Ces sortes de contrats, peu connus ailleurs, ne se font qu'entre particuliers, & toujours avec la liberté à l'emprunteur, de rembourser quand il lui plaît.

Les lieux de mont passent, comme je l'ai déja dit, pour l'effet le plus solide. C'est pour cela que, comme il n'y a ici nulle maniere de s'assurer qu'une terre qu'on achete, n'est point chargée d'hypotheques, le vendeur, pour trouver à vendre, est obligé de consigner, en lieux de mont, une partie de la somme provenante de la vente, suivant la volonté de l'acheteur. Le nouveau possesseur prend cette précaution pour assurer son argent, en cas qu'il se découvrît, dans la suite, des hypotheques ou des substitutions qu'on eût voulu lui cacher. Cet hypotheque des lieux de mont, pour les terres, est éternel. J'en fais qui, pour pareille raison, sont en dépôt depuis 150 ans, & ne peuvent se retirer. Il y en a peut-être depuis plus long-temps. On sent combien cette nécessité met d'entraves dans les arrangemens de famille, & qu'elle doit être une des raisons pour lesquelles les terres sont à si bon marché. Rome pourroit imiter Vienne dans l'établissement utile des tables publiques d'hypotheque pour les terres.

Comme tout est réductible au calcul, ces lieux de mont, quoiqu'engagés pour termes fort longs, sont un objet de négociation. On les achete à des prix beaucoup au-dessous de leur valeur. Véritablement ils ont beaucoup perdu, puisqu'ils ne peuvent servir d'hypotheque.

Ce recours perpétuel aux lieux de mont pour être déposés comme hypotheque, peut servir à expliquer, en partie, (car on voit bien qu'il y a encore une autre raison) pourquoi ces papiers, qui ne rapportent que trois pour cent, se vendent 127 écus. Celui qui a besoin d'aliéner des lieux de mont pour consommer une affaire quelconque, & qui n'en a point, a recours à celui qui en a. Il paie à ce prêteur de lieu de mont un certain intérêt, 3, 4, ou plus par cent, toujours suivant le besoin qu'il en a, & la confiance que le prêteur a en lui. Cet intérêt, qui passe l'intérêt légal, doit être regardé comme une assurance de ces lieux de mont, puisqu'ils seroient perdus pour le prêteur, si l'emprunteur faisoit banqueroute.

L'intérêt de lieu du mont étoit, dans l'origine à cinq pour cent. Ceux que le prince déclara non remboursables, ne l'ont jamais été : ceux-là sont les plus chers sur la place. Ceux qui, tous les ans, doivent être remboursés, suivant que le sort en décide, le sont un peu moins. Les remboursemens indiqués ne se font pas exactement ; ce qui plait fort aux possesseurs de ces papiers. Ils ne pensent point que la dette s'accumule, & qu'il deviendra peut-être impossible de la payer.

Suivant les intérêts payés annuellement par le trésor, le principal des lieux de mont, monte au plus à quarante millions d'écus.

Tant que le lieu de mont est en dépôt, il y auroit des spéculations très-avantageuses à faire sur cet effet ; mais il faudroit bien connoître la place.

Il y a peu d'argent dans les états du pape. Ils ne renferment point de mines, & le commerce y est peu considérable. Plusieurs des sources qui, autrefois ont tant apporté d'argent dans la capitale du monde chrétien, sont taries. Je ne saurois dire, même à-peu-près, combien il y a d'especes monnoyées. Je n'ai pu trouver aucun auteur Italien qui traite des finances, & de ce qui y a rapport : mais ma plus forte raison, pour appuyer mon assertion, est qu'à Rome, la monnoie de papier est celle qui circule le plus, & qu'on a beaucoup de peine de trouver à la changer contre l'espece réelle. Cette monnoie de papier mérite une considération particuliere.

Il y a à Rome deux banques publiques, qui donnent en papier monnoie la valeur qu'on y porte en argent. Dans l'origine, ces banques avoient le même prétexte que toutes celles établies en Europe : l'état vouloit, en augmentant la représentation, rendre la circulation plus considérable. Si l'esprit de l'institution avoit été suivi, cet établissement auroit pu être utile à ce pays; car une banque, qui me paroît toujours dangereuse dans un grand état riche, quelque bien administré qu'il soit, pourroit peut-être devenir de quelque utilité dans un petit état pauvre, si les abus ne s'y introduisoient point. Mais comment ne pas dépenser, quand la source des richesses paroît inépuisable, ainsi que celle d'une monnoie de papier qui se fabrique à si peu de frais ? Le temps est venu où le papier a surpassé de beaucoup l'argent des coffres des banques. Enfin, aujourd'hui, les coffres sont vuides, relativement à la dette. Tout le monde le sait, & le crédit de la monnoie de papier subsiste. Tout homme qui a réfléchi sur la délicatesse du crédit, est étonné quand il apprend, qu'un homme va présenter aux banques un billet de cent écus pour avoir de l'argent, reçoit tout au plus huit ou dix écus, & pour le reste de la somme, on lui donne un billet équivalent. Quand on en veut davantage, il faut envoyer une autre personne recevoir un autre billet ; car la même n'aura plus d'argent de toute la journée. Depuis plusieurs années ces petites ruses s'emploient à Rome, & on n'a point la moindre inquiétude sur la monnoie de papier. Il est vrai que le prince l'a toujours reçue comme il la donne. Cette monnoie ne sort point de la capitale.

Cette rareté d'especes m'avoit fait croire que la monnoie devoit travailler bien peu. Je regardai comme un objet de curiosité le relevé de ce travail, depuis plusieurs années. C'est un mystere que je n'ai jamais pu percer, quelque tentative que j'aie faite.

La monnoie commet une grande faute

dans la fabrication des pieces d'argent de dix fous & de trente fous; la proportion qui doit être entre l'or & l'argent, n'y eft point obfervée. Auffi fortent-elles pour de l'or.

Quoiqu'il y ait peu d'argent dans les états du pape, cette marchandife n'eft point chere, parce qu'il y a encore moins de befoins. Il ne s'y fait ni commerce ni amélioration de terres.

Les Cafuiftes font pratiquer ici leurs maximes fur le prêt. On ne peut, fuivant la loi, exiger d'intérêt d'un fonds non aliéné. L'intérêt du particulier, du marchand, d'une communauté religieufe, eft fixé par le gouvernement. On prête à 6 pour cent au marchand, à 4 au particulier, & à trois à la communauté religieufe. Quiconque dénonce quelqu'un qui enfreint la loi, eft récompenfé par une part de la fomme confifquée, & fouvent on a vu un emprunteur affez perfide, pour accufer celui qu'il a lui-même conduit dans le piege.

Les délateurs font un des grands rapports de ce gouvernement. Tous les jours il paroît de nouveaux édits, par lefquels le délateur y eft toujours follicité.

Ces édits multipliés font un objet de commerce pour la ferme de l'Imprimerie. Tout marchand est obligé d'acheter dix sous chaque édit qui regarde sa profession. Il doit être affiché dans sa boutique, & il doit en acheter un autre quand le premier ne peut plus servir. Les procureurs & avocats sont obligés de faire imprimer leurs plaidoyers par l'imprimerie du prince, qui leur fait payer à-peu-près le double plus qu'un autre imprimeur.

Il y a dans Rome environ trois cents métiers montés, où l'on fabrique toutes sortes d'étoffes, comme draps unis, velours, damas, ras de St. Cyr, taffetas, camelots, &c. Les étoffes de France sont plus belles, mieux travaillées, & moins cheres.

Il y a environ six cents métiers de rubans de soie, de bas, de galons d'or, d'argent & de livrées. Il se fait une grande consommation de ces derniers galons. On se refuse tout pour avoir un nombreux domestique, & tous portent la livrée.

Bologne, Pezaro, Camerino, Perouse & Termi, ont aussi différentes manufactures de cette même sorte. Le reste de l'état en a peu ou point.

Un bon ouvrier pour ces sortes d'ouvrages, se paie quarante sous par jour, quoiqu'il fasse moins de besogne qu'un ouvrier François. Le maître le fournit de toutes sortes d'outils. Ce prix de la main d'œuvre est beaucoup plus cher qu'il ne le devroit être, si on considere la médiocre valeur de la denrée premiere. Mais un ouvrier qui doit être oisif pendant plusieurs fêtes forcées ou de dévotion, comme celle des confrairies dans lesquelles il est engagé, ce qui est une espece de nécessité, a besoin de gagner le jour de son travail, de quoi subsister pour le jour de son loisir. De plus, les hôpitaux, les aumônes, les fondations pieuses sont tellement multipliées, qu'il est très-aisé de vivre en ne faisant rien.

On est peu difficile sur les apprentissages. Les maîtrises ne coûtent presque rien. La premiere dépense monte à une dixaine d'écus. Il y a ensuite chaque année une médiocre redevance, pour l'église, adoptée par le corps de métier dont on est membre.

Il y a ici un établissement économique, dont on croit devoir dire quelques mots. C'est le mont-de-piété. On y prête sur gages. Cet établissement est le destructeur des usuriers. On y reçoit en dépôt l'argent des particuliers, leur vaisselle, leurs diamans, & autres effets quelconques; & quand le propriétaire le desire, on lui rend le tout, ou telle partie qu'il demande. L'intérêt exigé est de deux pour cent. Au bout de dix-huit mois, l'effet engagé est perdu s'il n'est pas retiré. Si on le retire, on le replace un jour après comme un nouveau gage. Comme ce bureau a été, dans sa premiere institution, formé pour subvenir aux besoins des pauvres, il ne pouvoit exiger d'intérêt de la somme prêtée, quand elle ne passoit pas cent écus romains. On a réduit cette somme à trente écus. Les bénéfices consistent dans l'intérêt de deux pour cent ; dans un certain droit qui est attribué à chaque placement dans la vente des effets non retirés (car ils sont toujours engagés pour un tiers au-dessous de la valeur;) dans la perte des reconnoissances des effets engagés, qui alors appartiennent au bureau. Malgré ces profits considérables, les abus ont ruiné cet établissement.

La France a quarante-six mille deux cents soixante-dix-neuf lieues quarrées. Les états du pape en ont huit mille deux cents vingt-six. Le rapport est donc comme un, à un peu moins de cinq deux tiers. Je mets le rapport à six, pour accorder tout l'avantage aux états du pape. En s'arrêtant aux calculs les plus bas, la France possede dix-huit millions d'habitans. Les états du pape en ont deux millions, suivant le tableau avoué par le gouvernement. Calcul que je crois pouſſé trop haut. Pour que le rapport fût gardé dans le nombre des habitans des états du pape, en le comparant à ceux de la France, il faudroit que les premiers euſſent près de trois millions d'habitans, pour qu'il le fût dans le tribut. Comme la France paie trois cents millions d'impôts & plus en temps de paix, les états du pape devroient payer dix millions d'écus romains. On sait que le terroir de l'Italie eſt bon, & que les hommes y naiſſent avec des talens, & que deux mers baignent preſque de tous côtés les états du pape. Quelle preuve de ce que produit la différence du gouvernement & de l'adminiſtration ?

En tout, le pays eſt très-mal adminiſtré. Le gouvernement ſe mêle cependant de tout, particuliérement du bled & de l'huile. Ces deux denrées qui paroiſſent faire toute ſon attention, ſont toujours à la veille de manquer. Ce qui n'eſt pas étonnant quand on connoît la manutention.

L'annone (c'eſt les greniers d'abondance de Rome) prend le bled où il lui plaît, & fixe le prix. C'eſt ce même bureau qui donne la permiſſion d'exportation toujours prohibée. Cette permiſſion ſe paie. Tout le territoire de Rome eſt en pâcages pour la nourriture des beftiaux, quoiqu'il foit très-bon pour rapporter du bled. Les propriétaires aiment mieux le laiffer ainfi abandonné, & y trouvent mieux leur compte qu'à avoir des greniers de bled, dont ils ne pourroient fe défaire, le plus fouvent, qu'à leur perte.

On eft obligé de vendre l'huile au bureau établi pour l'acheter. Lui feul l'achete ce qu'il lui plaît, la vend aux détailleurs, & leur en fixe le prix. Cette huile fe conferve dans de grands puits, où fe mêlent toutes les qualités. Ce qui fait qu'elle eft toujours très-mauvaife.

La deftinée de l'Italie femble d'être mal gouvernée. Augufte mourant, donne à Tibere, pour une des grandes maximes d'adminiftration, de ne jamais envoyer un homme puiffant commander en Egypte. Ce prince craignoit qu'un mécontent n'empêchât le bled d'en fortir, & n'affamât l'Italie.

Les états du pape n'ont que deux bons ports, Civita-Vecchia & Ancone. Les autres ne font que des plages peu fûres, & où ne peuvent mouiller que de très-petits bâtimens.

Civita-Vecchia, nommé autrefois *Centum Cellæ*, eft l'ouvrage de Trajan. C'eft un de ces monumens de la maniere folide de conſtruire des Romains. Ce port eſt bon & ſûr. Il y a deux paſſes; celle du levant eſt la meilleure. L'entrée & le baſſin ne ſont point également profonds. Il eſt fort ſage, quand le bâtiment eſt de plus de deux cents tonneaux, de prendre un pilote du pays pour l'entrer. Il n'y a point de mouillage pour les frégates au-deſſus de quarantes pieces de canon.

On travaille préſentement à améliorer le port d'Ancone. Il peut y entrer des frégates de la même ſorte qu'à Civita-Vecchia.

La marine du pape conſiſte en trois galeres qui peuvent naviguer; deux autres galeres qui ne naviguent plus; deux frégates, & les petits bâtimens néceſſaires pour le ſervice du port, & pour celui à faire à la mer. Les armemens ſe font par entrepriſe. Lorſque la ferme commence, la valeur de cette petite eſcadre s'eſtime à l'amiable. A l'expiration de la ferme, le fermier paie le déchet au tréſor. S'il y a des réparations & des augmentations, le tréſor lui en fait bon.

Voici les conditions de la ferme qui eût lieu depuis 1756 juſqu'en 1760. Quand les galeres étoient en mer, le tréſor donnoit d'avance au fermier, tous les deux mois, neuf mille cent cinquante écus romains. (L'écu romain vaut environ cinq livres cinq fous de notre monnoie.) Quand elles étoient dans le port, le tréfor ne donnoit plus que cinq mille quatre cents écus tous les deux mois.

Le fermier ne recevoit pour chacune des galeres qui ne naviguoit plus, que deux cents quinze écus par mois ; cent écus par mois pour tous les petits bâtimens de fervice dans le port. Lorfque les deux frégates étoient en armement, le tréfor donnoit au fermier fix mille trois cents écus tous les deux mois ; ce qui faifoit pour toute l'année, fur le pied de guerre, trente-fept mille huit cents écus.

Lorfque ces frégates n'étoient point à la mer, le fermier ne recevoit plus que cinq mille deux cents cinquante écus tous les deux mois.

Le fermier étoit obligé de faire toutes les dépenfes. Il payoit les falaires des officiers, des foldats & des matelots. Ces falaires, ainfi que les rations, ne font pas à fa difpofition ; tout eft réglé.

Lorfqu'un bâtiment fe perd, ou s'il eft maltraité dans un combat, c'eft pour le compte du tréfor. Si le fermier a befoin de bois, il peut en couper, fans payer, dans les forêts dont l'état eft propriétaire.

Le fermier compofe l'équipage comme

me il lui plaît, pour l'espece d'hommes; mais non pour le nombre, qui est réglé. Il ne peut rien changer, ni à l'état-major, ni à quelques principaux officiers mariniers.

En prenant huit mois d'armement, & quatre mois de repos, la marine du pape coûte quatre-vingt-six mille deux cents treize écus. Le fermier m'a assuré qu'elle coûte, année commune, cent vingt mille écus, à cause des dépenses extraordinaires qui surviennent, & qui sont pour le compte du prince.

Les bâtimens du pays pour le commerce de la Méditerranée, consistent en une dixaine de tartanes, & autant de félouques. Les tartanes s'occupent à la pêche & à transporter du bled. Les félouques remontent & descendent le Tibre, pour transporter les marchandises que les bâtimens apportent à Civita-Vecchia.

Les assurances, jusqu'à Livourne & Gênes, montent jusqu'à un pour cent, dans les temps ordinaires. Elles augmentent lorsqu'on craint les barbaresques.

La plupart des bâtimens François qui abordent à Civita-Vecchia, sont des petits bâtimens Provençaux. Il en arrive environ soixante, année commune.

Ils portent du sucre, du café, du cacao, de la morue, des amandes, du tabac, des vins, des draps d'Elbœuf, d'Abbeville, des étamines, quelques galons, de la fayance de Moustiers, & de la quincaillerie.

Ils exportent de l'alun, de la laine, des bois de construction, du soufre & de la porcelaine. L'assurance de Marseille à Civita-Vecchia, est de un pour cent.

Une trentaine de bâtimens anglois portent de la morue, des harengs, du plomb, de l'étain, du bois de campêche, du sucre, des cryftaux, de la porcelaine de la Chine, des peaux de Russie, des cuirs d'Irlande, des camelots, des botines. Ils n'exportent que fort peu de vitriol. Leur fret est à proportion moins cher que celui des François. L'assurance est de deux pour cent, de.... au capitaine.

Sept ou huit navires Hollandois apportent toutes sortes d'épiceries, de drogues, de cuirs de Russie, du fer, des draps fins, du thé, du cacao, du beurre salé, du fromage, des toiles de lin & du tabac. Ils n'exportent rien. Le fret est, pour les épiceries & drogues, de 10 piastres de 8 réaux, par millier; de 9 piastres de même valeur, pour les draps & toiles. Les assurances sont les mêmes que celles des Anglois.

Il vient environ cent bâtimens Génois. Ils apportent toutes sortes de confitures, de l'huile, des velours, des champignons salés, des citrons, du riz, du tabac d'Espagne, & du bois du brésil, &c.

Ils exportent des grains, quand l'exportation en est permise, des bois à brûler & de construction, du fromage & de la viande salée.

Il vient 300 bâtimens Napolitains ou Siciliens, qui apportent toutes sortes de fruits verds & secs, de l'huile, du vin, du thon salé, des anchois, des sartines, du riz, des légumes, de la soude, des soieries de Sicile, des confitures & de la quincaillerie. Ils exportent du charbon, du papier, du miel, & un peu d'alun. L'assurance est d'un & demi pour cent.

Il vient 50 à 60 bâtimens Toscans, qui portent de la cire, du café du Levant, des peaux de Russie, du caviar, du vin, des eaux minérales, du bray & du goudron. Ils exportent du fromage, de la viande salée, de l'alun, &c.

Il vient une dixaine de bâtimens Espagnols, qui portent des vins, des peaux, des nates, des canons de fusil, & exportent de la viande salée.

Les autres nations de la Méditerranée, comme les Corses, les Maltois, &c. viennent à Civita-Vecchia, apporter les fruits de leur pays. Leur exportation est peu considérable. Les Vénitiens ne viennent point à Civita-Vecchia; il n'en paroît qu'à Ancone.

Il y a, dans la mer Adriatique, plusieurs barques de 60 tonneaux & plus, portant pavillon du pape. Elles ne vont que sur les côtes de cette mer. L'objet de leur commerce est de transporter des comestibles, du bois de construction & à brûler, du tabac, du poisson sec. Le fret le plus haut des bâtimens, le plus considérable, ne monte pas à plus de 100 écus romains par voyage. Leur assurance est d'un & demi pour cent, suivant la saison & la longueur de la traversée.

On voit, par an, dans le port d'Ancone, une trentaine de bâtimens Anglois, qui y portent du poisson sec & salé, du plomb, des bois de teinture, & autres objets manufacturés en Angleterre.

Il y vient environ 10 bâtimens François, chargés de sucre & de café, & autres genres de manufactures. L'assurance, pour un bâtiment qui part d'un port d'Angleterre, ou d'un port de France, pour se rendre à Ancone, est la même.

Trois ou quatre vaisseaux Hollandois apportent des drogues & des draps.

Autant de Danois apportent du poisson

sec de la Norwege. L'assurance de ces nations du Nord est de 3 à 4 pour cent.

Il vient 50 bâtimens Levantins de diverse grandeur, chargés, pour la plupart, de coton & de fruits secs du pays. L'assurance est d'un & demi à trois pour cent, selon les pavillons & les voyages.

Les bâtimens François, Anglois & Hollandois font ordinairement leur retour en bled, pour Livourne & Gênes, & du soufre pour leur pays. Les principaux objets d'exportation des états du pape, sont de la laine, de l'alun, de la porcelaine & du bois de construction.

VOYAGE
DE FLORENCE A ROME,
PAR VENISE.

ITINÉRAIRE *remis par M. Watelet à M. Duclos, lors de son départ pour l'Italie.*

EN partant de Florence le 4 mai, deux heures avant le jour, on arrive, le soir même, à Bologne. Il faut aller loger au Pelegrino. On est mieux qu'à la porte. Si l'on porte une malle derriere sa chaise, qui pese plus de quatre vingt livres, on fera payer trois chevaux jusqu'à Pianoro, & même quatre de Ponte à Sieve al Gorgo.

(Toutes les postes, dans la Toscane, l'Etat du pape, & le royaume de Naples, se paient à raison le 8 jules par poste, que la chaise soit à vous, ou que vous en preniez de celles de la poste. En sortant des capitales, comme Florence, Rome, Naples, on paie poste royale; mais en entrant, non; quoiqu'ils veuillent l'exiger. Deux pli de *bene andata*, 4 crazie pour boire, 2 crazie pour stalliere).

(Où je ne nomme pas l'auberge, logez à la poste, dans la route de Florence à Bologne).

A Bologne, deux jours suffisent amplement pour découvrir la ville toute entiere. Il faut monter à l'abbaye de Saint-Michel in Bosco.

Ce monastere est magnifique; il faut une matinée pour voir l'institut. On vous y présentera un phosphore.

Bologne est renommé pour l'excellente musique qu'on y entend dans les églises; elle n'a que Naples pour rivale en ce genre. On y vend d'excellens saucissons, savonnettes & rossolis.

Les plus belles églises sont San-Petronio, où est le méridien de Cassini.

San Dominico, où est le tombeau de St. Dominique; san-Paulo, santa-Catharina; la Madona di san-Luca. On y va par un chemin couvert, & bâti tout en arcades. Elle est éloignée de trois milles de Bologne; les chartreux, hors la ville, ainsi que les carmes déchaussés. Il y a, dans cette derniere, des peintures magnifiques. Ses palais y sont charmans, magnifiques & rians d'architecture & de perspective.

M iv

La Garifenda, toute de brique, penchante comme celle de Pife, mais bien inférieure en tout à cette derniere.

En partant le 7, de grand matin, de Bologne, on arrive à 20 heures à Ferrare. Il y a plus de temps qu'il n'en faut, jufqu'à la nuit, pour la voir. Elle eft grande, belle, mais déferte. En partant à l'ouverture de la porte, on fait 4 milles fur un canal, jufqu'à Francolino, où l'on s'embarque fur le Pô, dans une efpece de félouque, appellée *Peota*. Elle contient plus ou moins, fuivant le nombre des rameurs; mais quatre fuffifent jufqu'à ce qu'on arrive à Paleftrina le lendemain matin, où l'on prend quatre rameurs, moyennant un tefton chacun, au plus; & l'on va infiniment plus vîte par les lagunes jufqu'à Venife, où l'on doit arriver le 9, à 20 heures.

(A Bologne & à Ferrare, le fequin vaut 22 jules. On paie fur ce pied les marchands, les auberges & la pofte. Le fequin Vénitien vaut 22 l. 10 f. monnoie du pays, & le jule 22 f. 6. d.)

A Venife, il faut aller loger au lion blanc. C'eft un François italianifé, qui écorche auffi bien qu'un Juif. Il faut demander une chambre fur le grand canal, dont la vue eft très-réjouiffante, faire le prix à tant par jour, tant pour vous que pour votre domestique, & y comprendre la chambre. Il faut prendre une gondole à la journée, avec deux rameurs, avec lesquels on va aussi vîte que la poste. Elle doit coûter 9 à 10 jules par jour, & être nuit & jour à vos ordres. Elle vous servira pour aller voir les épousailles de la mer. Dans cette même auberge, je payois un philippe par jour, pour ma nourriture, & un teston pour une chambre. On y boit de très-mauvais vin; ainsi il faut faire provision de vin étranger, si l'on veut boire.

Il y a souvent de très-bonne musique dans les églises, dont les plus belles sont san-Gorgio Maggiore, la Salute, il Padri Scalzi, Padri Gezuiti, il Redentore, san-Marco.

On estime beaucoup le mosaïque de la voûte & du pavé de St. Marc. Pour découvrir Venise dans son plus beau point, il faut monter sur la tour de St. Marc.

L'arsenal est digne d'être vu. Il faut avoir soin de dire à celui qu'on charge de vous conduire, que vous lui donnerez, à lui seul, *la cortezia*, & que ce sera à lui à s'ajuster avec tout le monde; autrement, en donnant des bagatelles, vous ne contenteriez pas la moitié des quêteurs pour dix pistoles. Un sequin, en sortant, au conducteur, est une maniere fort honnête, pour le remerciement de laquelle il vous donnera de l'*illustrissimo*, tant que vous voudrez.

Le trésor de Saint-Marc, qu'on vante tant, ou celui de Saint-Denys, c'est la même chose; & il ne mérite pas le sacrifice du temps qu'il faut pour le voir, excepté le soi-disant manuscrit de Saint-Marc, qui est presque tout effacé & en lambeaux.

La place de Saint-Marc est le plus superbe morceau qui soit à Venise. Le Broglio, qui est attenant, est une autre place moins grande, qui sert de promenade aux nobles, proche l'église, & le palais de Saint-Marc, d'architecture gothique. Il y a beaucoup de palais estimés des connoisseurs, par leur architecture. C'est un point capital à Venise, d'où dépend votre tranquillité, de ne jamais parler, ni en bien, ni en mal du gouvernement; du reste, faites ce qu'il vous plaira, sans aucune inquiétude. Vos gondoliers, votre maîtresse, & tout ce qui vous approche, sont autant d'espions secrets qui vous environnent.

Le pont de Rialto de marbre, & d'une seule arche, est un chef-d'œuvre de l'art. Le Ridoto est un endroit où se rassemblent les masques pour jouir. Il n'y en a qu'en carnaval : on n'y peut entrer que masqué, & il est défendu d'y parler.

Une matinée suffit pour aller à Murano, qui n'est qu'à un mille de Venise. C'est où l'on frabrique les glaces.

N'oubliez pas d'aller à Saint-Luc, & examinez soigneusement s'il est vrai qu'on y ait mis, sur le tombeau d'Arétin, cette mordante épigraphe, en forme d'épitaphe:

Condit Aretini cineres lapis, iste sépultos,
Mortales atro qui sale perfrieuit
Intactus deus est illi, causamque rogatus,
Hanc dedit : Ille, inquit, non mihi notus erat.

Plusieurs personnes m'ont assuré qu'elle y étoit encore; mais j'en doute. On peut sacrifier une journée pour aller à Padoue, voir la superbe église de Sainte-Justine, qui, après Saint-Pierre de Rome, est la plus belle de toute l'Italie, & aussi la chapelle de Saint-Antoine, où il y a plus d'argenterie que sur le quai des orfèvres à Paris. Comme il n'y a à Padoue que ces deux monumens à voir, vous pourrez revenir à Venise le même jour, si vous êtes parti de grand matin, si vous êtes parti armé de quatre bons rameurs; car il ne faut que cinq heures pour revenir.

Si vous prenez un beau jour, vous joüirez, le long de la riviere de Brenta, de la vue d'un grand nombre de belles maiſons de campagne; entr'autres, celle de Pizani, ci-devant juge de Veniſe, qui mérite bien que vous mettiez pied à terre un quart-d'heure. Ne reprenez pas le chemin de Veniſe depuis Padoue, mais allez en droiture à Ferrare, paſſant par Rongo; car la route eſt beaucoup plus belle, allant tout par terre de Ferrare à Ravenne. Il a 50 milles, & vous y allez coucher; de-là à Rimini, où le gué de Pizatello, qui eſt le Rubicon des Romains, que Céſar rendit ſi célebre. Toute cette route eſt remplie de jolies petites villes juſqu'à Ancone, d'où l'on va, dans une demi-journée, à Lorette, par un aſſez mauvais chemin. On vous inſtruira aſſez de ce que vous avez à voir à Lorette, il eſt inutile d'en parler.

Etant reſté à Veniſe depuis le 9 juſqu'au 15, vous êtes le 16 au ſoir à Ferrare, le 17 à Ravenne, le 20 à Lorette, & le 23 à Rome, tout au plus tard.

Voulant voir Naples, vous reſtez tout au plus un jour & demi à Rome, pour ſatisfaire la premiere boufée de curioſité: vous allez voir Saint-Pierre, la Rotonde, la place Navonne & le carrefour des Quatre-Fontaines; cela ſuffit. Vous en partez le 25 à 2 heures, & vous allez coucher à Veletry, pour repofer quelques heures. Il eft à 22 milles de Rome. Vous en repartez à 3 heures du matin, ou plutôt, & vous arrivez le même jour à Naples. La meilleure auberge eft le Mont-d'or.

Aucune ville qu'on voit de Rome à Naples, ne mérite que vous vous arrêtiez. On traverfe Fondi; Gaëte, & Capone, cela fuffit. En paffant à Mola, vous voyez le jardin de Cicéron, rempli d'orangers, qui verfent fur le grand chemin. C'eft en fortant de cette ville qu'il fut affaffiné.

On fe munit communément à Rome d'un paffe-port d'un miniftre de Naples ; qui eft vifé trois fois à Portello, à Mola & à Capoue ; à plus forte raifon en temps de guerre.

(Il faut fe munir d'un paffe-port de l'ambaffadeur de France & de celui de Naples, fans quoi on effuie toutes fortes de tracafferies. En y allant vers Noël, on évitera une partie de la rigueur de la faifon, qu'on reffent à Rome comme ailleurs).

Pour voir Naples de l'endroit le plus avantageux, il faut aller aux Chartreux, à Saint-Martin ; l'église eft belle, la vue charmante. On voit tout Naples au-deffous de foi ; on voit venir des vaiffeaux de très-loin ; les ifles de Caprée, où étoit le ferrail de Tibere ; le mont Véfuve : & la facriftie de l'églife des Chartreux eft, ainfi que celles de la plupart de celles d'Italie, remplie d'une argenterie immenfe & de pierres précieufes. Il y a dans Naples quantité de beaux palais ; mais quand on a vu ceux de Rome, il faut laiffer là ceux de Naples. Ce qu'il faut voir, c'eft le palais-royal, l'académie, ou ftudii novi, l'arfenal & le magafin des galeres. La place des Carmes, où fe tient le marché aux herbes ; qui fe vuide & fe remplit trois ou quatre fois le jour, avec une vîteffe incroyable : tant il y a de monde qui en mange à Naples.

Il faut tâcher de voir le théâtre de Saint-Charles : c'eft aujourd'hui le plus grand de l'Italie, où l'on repréfente. Il y a grand nombre de belles églifes, remarquables par la richeffe des peintures & des dorures ; car pour l'architecture, il n'y a que Rome & Venife : on peut voir les principales : les Jéfuites, Saint-Jean, les Carmes, Saint-Paul, Sainte-Marie-de-l'Annonciation, l'Hofpitatella, Saint-Dominique, Saint-Jean à Carbonara ; cette derniere eft curieufe par l'antiquité des tombeaux des rois, & leur quantité.

Pour toutes les chofes ci deffus, il ne faut qu'une journée, deux tout au plus.

Il en faut une pour aller au Véfuve, s'il n'eſt pas en colere. Il n'y a que 8 milles: quatre de plaines, & quatre à monter à cheval, & à pied là où le cheval ne peut plus monter. Mais l'on ne voit rien & l'on ſe fatigue beaucoup. Je crois que tout bien compté, on peut s'en paſſer. D'ailleurs, la promenade eſt dangereuſe.

Il n'en eſt pas de même de Pouzzol. Il y faut une journée entiere. On prend une caleche avec deux bons chevaux, qui vous menent au galop; elle vous coûtera 16 carlins ou 12 livres. Dans cette journée, il y a de quoi contenter la curioſité. On paſſe d'abord, au ſortir du fauxbourg de Naples, la grotte appellée *Pauſilippo* : c'eſt un paſſage taillé dans le roc, qui rend le chemin droit, ſur une montagne. Cette grotte a un bon mille de longueur. Au-deſſous de l'entrée de cette grotte, on voit le tombeau de Virgile, à demi-ruiné, & couvert, par haſard, de lauriers qui y ont pris racine. Arrêtez-vous un moment, *& da ſacro cineri flores.*

Un peu au-delà de *Pquſilippo*, ſur la droite, eſt le lac Daguiano, au bord duquel ſont les bains de Saint-Germain. Les eaux en ſont chaudes, & admirables pour exciter la tranſpiration. Les gens attaqués de la goutte y reçoivent de grands ſoulagemens; mais c'est principalement la ressource des vérolés; le grand remede n'étant presque pas en usage dans ces quartiers-là; c'est-à-dire que tous naissent, vivent long-temps, & meurent avec la vérole. Ils se contentent, dans les extrêmes, ou accidens extérieurs, d'user de palliatifs, & d'étourdir le mal par la voie de la transpiration.

Sur les bords du même lac, est la grotte du Chien, d'où sort une vapeur subtile & pénétrante, qui suffoque en un instant. On fait l'épreuve d'y mettre un chien, qui, après quelques contorsions, perd l'usage de tous ses sens. On le jette dehors comme un mort, ensuite on le plonge dans le lac, d'où, en un instant, il sort en nageant & aboyant. On dit qu'on a fait des expériences sur des hommes & sur des animaux, qui ont produit le même effet.

A quelques lieux de-là on monte le Montéseco, autrement dit la Solfatare. La cime de cette montagne est toute consumée de soufre & de vapeurs qui la pulvérisent continuellement. Le soufre, sur le sol, bout & cuit sans autre secours. Il y a plusieurs trous, d'où il sort de la fumée & des étincelles. On entend même un bruit souterrein. Plusieurs personnes prétendent qu'il y a une communication entre la Solfatare & le mont Véfuve, par-deſſous Naples, qui fait craindre qu'un jour Naples ne s'engloutiſſe dans l'abyme; mais il y a apparence qu'il auroit déja éprouvé ce malheur, s'il eût dû lui arriver, & fans la protection de Saint Janvier. Dans tous les environs, l'on ne reſpire que ſoufre, alun & vitriol, dont la fumée noircit les marbres.

En deſcendant du côteau de Pouzzol, on voit des veſtiges de la magnificence des Romains, & on arrive à la ville, qui n'eſt plus fameuſe que par l'immenſe quantité des ruines qu'on y voit. C'eſt au pied de la ville qu'on remarque quelques ruines dans la mer, qu'on prétend être du pont ſi renommé, que Caligula fit bâtir; mais outre que l'hiſtoire dit qu'il étoit de bateaux, c'eſt que ce qu'on voit, ne paroît guere être des piliers d'arche. De-là on paſſe à Bayes, où il y a encore des antiquités remarquables. C'étoit du temps des Romains, le lieu le plus délicieux, & le plus magnifique qui fût au monde. Les veſtiges des temples, palais, thermes, amphithéâtre & autres monumens, en ſont de triſtes preuves. On y a déterré, en divers temps, des ſtatues de colonies, & divers morceaux de ſculpture, d'un grand prix; enfin le nombre des maisons de plaisance, qui étoient le long de ce golphe, l'avoient fait nommer, à juste titre, le séjour de la volupté. Il y en a qui prétendent que ce golphe étoit le port des Romains; en effet, il seroit plus sûr que celui de Naples, quoiqu'il ne soit fait que par la nature. De Bayes, on traverse le golphe pour revenir prendre la caleche à Pouzzol. Il faut porter sa provision de vin & de viande pour dîner; autrement on courroit risque de faire mauvaise chere.

Etant de retour à Naples, vous y restez jusqu'au 30. Le 31, vous en partez pour revenir coucher à Veletri, & le premier juin vous pouvez être de retour à Rome à 8 heures du matin. Si vous changez la disposition de cette route, vous risquez de ne manger ni dormir; vous pourriez cependant revenir par mont Cassin, qui est une route plus courte & moins rude; mais je ne sais si la poste y est établie; de façon ou d'autre, soit en allant à Naples, soit en revenant à Rome, il faut se munir de viande froide, de pain & de vin.

Arrivé à Rome, douze jours vous suffisent pour voir généralement ce qui mérite d'être vu, & ne voir rien d'inutile; ainsi, vous pouvez être de retour à Livourne le 20 juin, en ne perdant pas de temps à Rome, c'est-à-dire prenant à la journée un carrosse, qui vous coûtera un écu romain, ou un demi-sequin par jour.

(Il faut faire une visite à tous les éleves de l'académie de peinture ; c'est l'affaire d'une heure. On se fait écrire chez ceux qu'on ne trouve pas ; ils se font ensuite un plaisir de vous conduire par-tout, & vous épargnent bien du temps dans l'examen des curiosités.)

Des églises.

Saint-Pierre. Il faut monter à la coupole, & même dans la boule de la lanterne ; il y tient 32 personnes : nous y avons été douze, sans nous toucher.

Observez que la coupole est fendue, parce que le cavalier Bernin voulut pratiquer des escaliers dans chacun des quatre piliers qui la soutiennent, & qu'on fut obligé de la ceindre d'un gros cercle de fer ; & l'on trouva, dans les archives que le cavalier Fontana & Michel-Ange avoient ordonné expressément que, pour quelque motif que ce fût, on ne touchât jamais à ces piliers, dont la force étoit proportionés au fardeau qu'ils portent.

(Soufflot prétend que la fente de la coupole ne peut être venue des piliers.

Il y a, dit-il, un livre qui le prouve, & qui démontre que cette rupture ne peut être venue que de la trop grande poussée de la voûte.)

La Rotonde, ou le Panthéon, bâti par Agrippa, favori d'Auguste. Les portes en étoient le bronze, les poutres couvertes de bronze doré, & la couverture de lames d'argent, que Constantin emporta à Constantinople.

C'est le seul édifice considérable de l'antiquité qui reste en son entier. Ce temple, qui est de figure sphérique, est d'une majestueuse simplicité. La voûte, qui étoit de bronze, fut enlevée par Urbain, de la maison des Barberini, pour en faire le baldaquin de Saint-Pierre; ce qui occasionna cette plaisanterie de Pasquin.

Quod non fecerunt barbari,
Fecerunt Barbarini.

Il faut observer que la coupole de Saint-Pierre est précisément de la grandeur de ce temple, qui n'a échappé à la fureur des barbares qui détruisirent Rome tant de fois, que parce qu'il étoit consacré à tous les dieux, & que chacun craignoit d'y trouver, & d'y détruire le sien.

Santa-Andrea della valle, d'une architecture simple, mais parfaite dans ses proportions.

San-Ignazio. C'est l'église du fameux college romain.

Il Gesû. La célebre chapelle de Saint Ignace, faite aux dépens de toutes les maisons de la chrétienté.

San-Carlo al Corso. Eglise magnifique, mais trop élevée pour sa largeur.

La Madonna della vittoria. La célebre Thérese du Bernin & le Joseph du Baromini s'y voient.

Les Chartreux. Cette vaste église est bâtie dans un salon du bain de Dioclétien. Les colonnes de granit y sont les mêmes qui y étoient. Il y a une méridienne parfaite de Cassini.

Le noviciat des Jésuites. C'est un bijoux, & l'unique de sa forme.

San-Carlino alle quatre fontane. Cette église, dans laquelle il y a quatre chapelles sous le maître-autel, est précisément de la grandeur d'un des piliers qui soutiennent la coupole de Saint-Pierre.

7. Sancti apostoli, Gesu Maria, la Chiesa nuova. San Giovani in laterano.

La chapelle Corsini. Le magnifique portail est vis-à-vis de l'église de Santa-Scala, qu'on ne monte qu'à genoux.

Santa-Maria Maggiore. La chapelle de Paul V & de Sixte V.

Santa-Agnese en place Navone : du Baromini.

Santa-Andrea de' frati, ou delle frate.

San-Pietro in vincoli, où est le Moyse de Michel Ange.

La Minerve, où est le Christ, du même.

San-Pietro in Montorio. Au maître-autel est la Transfiguration, de Raphaël, qui fut portée à son enterrement.

San-Paolo fuor di Roma. La nef, qui est d'une grandeur extraordinaire, est soutenue de quarante colonnes de breche, violette, qui formoient autrefois une colonade autour du château Saint-Ange, que l'empereur Adrien avoit fait bâtir pour son mausolée. On trouve, à mi-chemin, une petite chapelle qui fut bâtie au lieu où l'on dit que St. Pierre & St. Paul se quitterent pour courir au martyre.

Peu loin de cette chapelle, on voit monté testacio, montagne formée de pots cassés.

Palais Farnese. Remarquez le cheval qui est dans la cour Barberin, ou Palestrina.

Pamphili, Borgheze, Colonne, Corsini. Il faut voir les galeries de tous ces palais.

Le Vatican. Les salles de Raphaël, surtout celle où S. Paul entre dans l'aréopage, & l'original des batailles de Constantin¹, dont les estampes sont à Paris.

La bibliotheque, les jardins, les statues, l'Apollon, le Torse, l'Antinoüs & le Laocoon dont parle Virgile.

Monte Cavalo ne mérite pas d'être vu. La porte principale est manquée; la cour & les jardins sont ce qu'il y a de plus beau; l'intérieur est peu de chose.

Le palais Orsini est bâti dans le fameux théâtre de Marcellus. On en voit encore les restes proche la Pescheria.

Vignes. Borgheze, à une portée de fusil hors de la porte du Peuple. Elle est, sans contredit, la plus belle de toutes, pour le recueil d'antiquités, de statues, le palais & l'étendue des jardins. Les plus fameux morceaux sont le Gladiateur & l'Hermaphrodite.

Pamphile. La plus belle pour les jardins.

Farnese. La plus belle pour les ruines. On y voit le salon où Néron recevoit les ambassadeurs. Il y a des bains souterreins, où l'on conserve encore des peintures du temps de Néron. Cette vigne étoit le centre du palais de Néron, dans l'enceinte duquel le colysée étoit renfermé.

Médicis, Montalte ou Negront Ludovisi.

Ces trois vignes étant dans Rome, on

peut les voir, chemin faifant (les jardins s'entend) excepté celle de Ludovifi, dont il faut voir la galerie, y ayant plufieurs beaux morceaux d'antiquité.

A celle de Negrini, jadis Sixte V, on voit la mulle empaillée qui fervoit de monture à ce pape.

Curiofités particulieres.

La fontaine de la place Navonne, qui eft le chef-d'œuvre du cavalier Bernin.

Le college romain.

Le capitole. On y voit Marforio, qui eft très-peu de chofe; mais il faut l'avoir vu, ainfi que la ftatue mutilée, ou le trône de Pafquin, qui eft derriere la place Navonne. Il faut voir, au capitole, le beau recueil d'antiquités du pape Clément XII, le carrefour des quatre Fontaines, la porte du Peuple : ce font les deux plus beaux points de vue de Rome.

La façade de la propaganda fide.

La fapience du Barominie, qui a eu un goût d'architecture très-bizarre.

La colonne Trajanne.

La colonne Antonine.

La pyramide de Ceftius, fur laquelle il faut monter, & tâcher d'entrer dans une chambre qui s'y trouve.

La fontaine de San-Pier in montorio.
On

On la voit en même-temps que l'églife de la Transfiguration.

L'arc de Titus, fur lequel eft repréfenté le chandelier à fept branches, qu'il rapporta de Jérufalem.

L'arc de Septime-Sévere.

L'arc de Conftantin. Il eft enterré de quinze pieds, ainfi que l'ancienne Rome; on en a diverfes preuves, par plufieurs endroits qu'on a trouvés pavés à cette profondeur.

Au veftige du temple de la paix; ce qui en refte, fuffit pour en faire voir la hauteur, la longueur & la largeur. Suivant ce qui en a été remarqué, c'eft le plus vafte temple qu'aient eu les Romains.

Le théâtre d'Aliberti, le théâtre d'Argentina : ce dernier, quoique très-vafte, eft moins grand que celui d'Aliberti, mais d'une bien plus noble architecture. Il a fervi de modele pour le théâtre de Saint-Charles, que le roi de Naples a fait faire.

Le colifée. Ce morceau, immenfe par la folidité, échappé à la fureur des barbares qui avoient arraché jufqu'aux liens de cuivre qui enchaînoient les pierres l'une à l'autre, fut entamé fous le pontificat de Paul III, à l'inftigation de Michel-Ange, qui obtint d'en faire démolir & enlever tout ce qu'il pourroit dans le terme de 24 heures. On y mit plusieurs mille hommes, qui en abattirent ce qu'on voit qui manque à ce superbe édifice, & les neveux de ce pape en bâtirent le palais Farnese. Ce fut un coup de Michel-Ange, qui, trop jaloux de sa gloire, auroit voulu, au prix de sa vie même, éteindre tout ce qui restoit de monumens antiques.

On pourroit se passer de voir Frescati, Tivoli, Albano, &c. Il y a, dans tous ces endroits, de fort jolies vignes ; mais pour ce qui est de ces eaux si renommées, on ne peut leur accorder tout au plus que la gloire de l'invention. Ces lieux, tant exaltés, sont à comparer aux jardins de Marli, comme le jardin de l'hôtel de Soubise aux Tuileries, ou comme l'église des Quinze-vingt à celle des Invalides. Cette curiosité ne doit être satisfaite que par ceux qui restent six mois à Rome.

A Rome, il convient d'aller loger en place d'Espagne, *al monte D'oro*, quand on y reste peu de temps.

Par toute l'Italie excepté Venise, au temps du carnaval, ou de l'ascension, c'est un prix réglé dans toutes les auberges, sans aucune distinction, que sept jules par jour, 3 à dîner & 4 à souper, à cause de la chambre.

Dans chaque ville, faire marché pour les repas, la chambre & le feu féparément, avant de faire dételer.

Eviter de coucher dans les villages.

Les valets de place coûtent 30 fous par jour pour tout. Ils indiquent les curiofités & les prix. Les hôtes en répondent. Les carroffes, chaifes, &c. fe louent par jour & par demi-journée.

Les meilleures chaifes en foufflet, font préférables aux milanoifes.

Convenir avec les voituriers des voyages & féjours : le marché par écrit. Se munir de tabac.

F I N.

www.ingramcontent.com/pod-product-compliance
Lightning Source LLC
Chambersburg PA
CBHW050634170426
43200CB00008B/1018